© 2004 Feierabend Verlag OHG
Mommsenstr. 43, D-10629 Berlin

Idée originale : Peter Feierabend
Recettes, stylisme, production : Patrick Jaros
Collaboration, textes et correction : Martina Dürkop
Photographie : Günter Beer - food.beerfolo.com
Assistance : Kathrin Günter
Collaboration : Bamboo
Photographies de BuenavistaStudio.com, Barcelone
Mise en page : Kathrin Günter

Coordination, correction et composition de l'édition française :
Equipo de Edición, S.L., Barcelone
Traduction de l'allemand : Anna Guillerm

© 2004 Photographies, recettes :
Günter Beer, Patrick Jaros, Feierabend Verlag OHG

Impression et reliure : Eurolitho s.p.a, Milan
Imprimé en Italie
ISBN 3-89985-120-X
62-08068-1

Remarque importante : les ingrédients, et tout particulièrement les
poissons et fruits de mer, doivent être d'une fraîcheur irréprochable.
Les salades doivent être soigneusement lavées. Les personnes
pour lesquelles les salmonelles constituent un risque commes les
femmes enceintes, les jeunes enfants, les personnes âgées ou
fragilisées, doivent demander conseil à leur médecin avant
de consommer des fruits de mer, des œufs et du poisson crus.

Patrik Jaros • Günter Beer

Poissons et
fruits de mer

**Du caviar à la dorade en passant par les langoustines, les moules et le saumon
Filetage, pochage, portionnage, toutes les techniques de préparation du poisson**

Feierabend

Index des recettes

Degré de difficulté : facile

Bulots cuits à l'aïoli	13
Cigales de mer grillées au beurre persillé	37
Couteaux gratinés à l'ail et à la sauce de soja	54
Crevettes grillées sur salade d'avocats et de graines de grenade	28
Escalopes de saumon sur salade de radis, sauce vinaigrette à la ciboulette	10
Gambas grillées aux trois façons	16
Moules à la provençale	44
Moules aux légumes et à la sauce au vin blanc	46
Petite lotte au romarin sur fondue de poivrons et d'oignons	24
Petites pommes de terre à la crème aigre et au caviar	50
Sardines faites aux olives	38
Sauce rouille	20
Steak d'espadon aux olives vertes, aux tomates séchées et au cresson d'eau	56
Thon aux trois façons	42
Toro au wasabi	49

Degré de difficulté : moyen

Aile de raie Grenobloise accompagnée de pommes vapeur	65
Beignets de barbue et frites / Fish and Chips	93
Bouillabaisse à la sauce rouille	73
Brochettes de poulpe panées à la noix de coco sur sauce piquante aux tomates et aux oignons	86
Cabillaud sur salade de betteraves rouges aux haricots tiédis et aux herbes marinées	96
Coques à la sauce à la bière et aux oignons cuits au vin rouge	82
Crostini de stockfisch à la salade de tomates et aux oignons de printemps	132
Curry de cabillaud à la papaye et aux bouquets de chou-fleur grillés	138
Dorade rose piquée de lemon-grass aux brocolis grillés et au gingembre	85
Dorades aux trois croûtes de sel	108
Escalopes de saumon en habit de jambon Serrano sur feuilles d'épinards et pommes de terre à la sauge	125
Filet de dorade rose sur salade de trévise et frisée et à la tapenade d'olives noires	112
Filets de loup de mer croustillants à la brunoise de fenouil et de poivron et à la sauce safran	103
Fumet de langoustines	60
Fumet de poisson	152
Langouste grillée aux spaghettini et aux tomates fraîches	78
Langouste sauce cocktail et salade	76
Loup de mer entier grillé à la menthe	115
Merlu cuit dans un bain de lait aux herbes, assaisonné d'huile pimentée et accompagné de riz	140
Petits pains ciabatta fourrés à l'aïoli et à la tortilla aux civelles	68
Purée de pommes de terre au stockfisch et à la sauce à la crème aillée	137
Rascasse grillée aux tiges de fenouil sur lit de haricots blancs et d'ail	123
Rougets grillés aux tomates jaunes et à la tapenade d'olives noires	70
Saint-pierre aux lentilles et à la sauce aux lardons et vinaigre balsamique	129
Saint-pierre grillé aux endives et à la sauce à l'orange	148
Salade de poulpe mariné et de haricots blancs	91
Saumon en marinade de légumes et d'agrumes sur rösti et sauce au yaourt pimentée	144
Sole entière grillée au beurre de sauge et accompagnée de pommes de terre persillées	98
Soupe de poissons rustique au safran et au basilic	80
Tranche de turbot à l'estragon et grillée au beurre sur purée de pommes de terre	143

Degré de difficulté : difficile

Aile de raie à la créole et couscous	185
Concombres farcis au saumon nappés de sauce à l'aneth	174
Crème de crustacés	188
Crème d'oursins	166
Dorade grise entière sur lit de tomates cerise, d'aubergines et de petits piments verts doux	163
Filet de turbot en croûte de tomates et de moutarde nappé de sauce au vin blanc et sur lit d'oignons de printemps	179
Médaillons de lotte à la sauce au beurre et au vin rouge sur artichauts grillés et dés de pommes de terre	172
Oursins gratinés aux filets de barbue	168
Pot-au-feu de homard à la sauce aux tomates et au Cognac	180
Roulades de sole pochées au caviar et à la sauce champagne	159
Sauce au vin blanc et au poisson	160
Soupe d'oursins à la crème fraîche et au cerfeuil	170

Index des temps de préparation	**190**
Lever des filets de barbue	**94**
Lever des filets de lotte	**150**
Lever des filets de loup de mer	**118**
Lever des filets de saint-pierre	**130**
Préparer une dorade	**104**

Degré de difficulté   Temps de préparation

Introduction

Sur les étals des poissonniers confluent pour
ainsi dire les mers du monde entier. Il y débarque
une profusion de poissons et de fruits de mer
frais d'une diversité inédite qui constitue un défi
toujours renouvelé aux talents et à la créativité
des cuisiniers. Gros poissons, petits poissons,
crustacés, coquillages, algues, oursins, crabes,
scampi, etc. : tous ces produits de la mer
réclament fraîcheur et préparation savoureuse,
qu'elle soit classique, moderne, exotique, asiatique
ou encore italienne.

Dans cet ouvrage, la seiche est panée à la noix
de coco puis enfilée sur des piques, le vénérable
cabillaud préparé en curry avec de la papaye.
Pour leur part, les sardines frites et la fameuse
bouillabaisse à la rouille ne manquent pas non
plus à l'appel. Le saumon se présente sous un
nouveau jour en manteau de jambon sur un lit
d'épinards, tandis que la barbue joue sur un mode
plus simple, préparée en beignet et accompagnée
de frites. Les amateurs d'exotisme pourront
opter pour la raie à la créole, à savourer avec
un couscous.

Il existe autant de modes de préparation des
poissons et fruits de mer que de cuisines. Ce livre
de recettes de poisson du chef Patrick Jaros est
un reflet de cette diversité et propose aussi bien
des recettes simples accessibles aux débutants
que des préparations complexes et des savoir-
faire qui combleront les cuisiniers amateurs
chevronnés. Tous les amoureux du poisson y
trouveront leur compte, même les palais les plus
délicats.

Nous souhaitons à tous les amateurs de plats de
poisson et de fruits de mer beaucoup de plaisir
dans la réalisation des recettes de cet ouvrage !

Escalopes de saumon sur salade de radis, sauce vinaigrette à la ciboulette

8 tranches de saumon de 80 g chaque

30 g de beurre

2 bottes de radis

1 botte de ciboulette

4 cuil. à soupe de vinaigre de cidre

1 cuil. à café de sucre en poudre

1 cuil. à moka de moutarde de Dijon

6 cuil. à soupe d'huile de tournesol

Gros sel
Poivre blanc du moulin

Détachez les feuilles de radis et coupez ces derniers en fines rondelles. Laissez mariner dans une vinaigrette préparée avec le vinaigre de cidre, le sucre en poudre, la moutarde, le gros sel, le poivre, l'huile et la ciboulette finement ciselée.
Dressez sur des assiettes.
Faites mousser le beurre dans une poêle à revêtement anti-adhésif. Déposez les darnes de saumon.
Assaisonnez avec du gros sel et faites griller chaque côté 1 minute environ. L'intérieur du saumon doit rester bien fondant. Déposez les darnes sur la salade de radis et servez.

CONSEIL
Accompagnez de pain blanc frais ou de petites pommes de terre à l'anglaise. La saveur légèrement pimentée de la salade de radis se marie parfaitement à celle tendre du saumon.

*125

10

Bulots cuits à l'aïoli

1 kg de bulots

½ bulbe de fenouil coupé en dés
¼ de bulbe de céleri coupé en dés

1 carotte épluchée et coupée en dés
2 gousses d'ail en chemise

3 feuilles de laurier
2 branches de thym

½ cuil. à café de grains de poivre noir
1 cuil. à soupe de gros sel

3 l d'eau

Sauce aïoli (voir recette page 68)

Nettoyez les bulots à l'eau courante et faites-les
tremper pendant une demi-heure environ. Entre-
temps, versez les aromates et les légumes en
dés dans une casserole à bords hauts remplie
d'eau, portez à ébullition, puis faites cuire à
petit feu 5 minutes environ. Égouttez les bulots
dans une passoire et ajoutez-les au bouillon de
légumes. Laissez mijoter environ 15 minutes,
en fonction de la taille des coquillages. À l'aide
d'une écumoire, retirez-les du bouillon
et versez-les dans un grand saladier. Servez-les
accompagnés de sauce aïoli. Pensez à placer
des cure-dent sur la table.

CONSEIL
L'entrée du coquillage est fermée par une petite
opercule. À l'aide d'un cure-dent, ôtez ce dernier
puis piquez la chair pour la retirer du coquillage.
Trempez dans la sauce aïoli et dégustez avec
du pain blanc. Évitez de manger l'extrémité de
couleur sombre qui a un goût assez amer.

Voilà comment faire sortir de leur abri les habitants
de ces délicieux coquillages. Une fois piqués sur
un cure-dent, trempez-les dans de l'aïoli.

*30

Gambas grillées aux trois façons

Gambas grillées aux trois façons

Gambas grillées à l'ail et au persil

20 gambas fraîches non étêtées

2 petites gousses d'ail finement hachées

½ botte de persil plat finement haché

1 zeste de citron coupé en fines lanières

5 cuil. à soupe d'huile d'olive extra vierge

Gros sel
Poivre noir du moulin

50 ml d'eau ou de fumet de poisson

Lavez les gambas et laissez-les sécher sur du papier absorbant. Placez-les ensuite dans un plat en porcelaine. Excepté l'eau (ou le fumet de poisson), mélangez tous les ingrédients avec 3 cuillerées à soupe d'huile d'olive, puis versez cette préparation sur les gambas. Couvrez le plat de film alimentaire et laissez mariner environ 2 heures au réfrigérateur. Ôtez les gambas de la marinade, faites chauffer le reste de l'huile dans une poêle et grillez-y les gambas environ 2 minutes sur chaque côté.
Pour finir, versez le reste de marinade dans la poêle, mélangez le tout et mouillez avec l'eau (ou le fumet de poisson).
Répartissez dans des assiettes et servez accompagné de baguette fraîche ou de riz cuit à la vapeur.

Gambas grillées aux tomates et au romarin

20 gambas fraîches non étêtées

4 tomates olivettes pelées, épépinées et coupées en dés

1 petite gousse d'ail finement hachée

1 branche de thym
1 branche de romarin

1 pointe de couteau de graines de fenouil pilées

5 cuil. à soupe d'huile d'olive extra vierge

Gros sel
Poivre noir du moulin

50 ml d'eau ou de fumet de poisson

Lavez les gambas et laissez-les sécher sur du papier absorbant. Placez-les ensuite dans un plat en porcelaine. Excepté l'eau (ou le fumet de poisson), mélangez tous les ingrédients avec 3 cuillerées à soupe d'huile d'olive, puis versez cette préparation sur les gambas. Couvrez le plat de film alimentaire et laissez mariner environ 2 heures au réfrigérateur. Ôtez les gambas de la marinade, faites chauffer le reste de l'huile dans une poêle et grillez-y les gambas environ 2 minutes sur chaque côté.
Pour finir, versez le reste de marinade dans la poêle, mélangez le tout et mouillez avec l'eau (ou le fumet de poisson).
Répartissez dans des assiettes et accompagnez de baguette fraîche ou de riz cuit à la vapeur.

CONSEIL
Une poêle débordant de gambas grillées au milieu de la table, de la baguette bien chaude et un vin blanc léger : que rêver de mieux pour une fête ? Et inutile pour le maître ou la maîtresse de maison de rester en cuisine toute la soirée.
La présence d'ail ne doit pas vous effrayer : aucun convive ne pourra se plaindre auprès des autres s'il en a lui-même mangé.

Gambas grillées aux trois façons

**Gambas grillées au lemon-grass
et au gingembre**

20 gambas fraîches non étêtées

1 petite gousse d'ail finement hachée

1 tige de lemon-grass frais coupé en rondelles

1 morceau de gingembre gros comme le pouce,
épluché et finement râpé

½ cuil. à café de curry en poudre

2 cuil. à soupe de sauce de soja
5 cuil. à soupe d'huile de noix

Gros sel
Poivre noir du moulin

50 ml d'eau ou de fumet de poisson

Pour que les herbes et les condiments puissent donner tout leur
arôme aux gambas, celles-ci doivent rester au moins 2 heures
dans la marinade.

Lavez les gambas et laissez-les sécher sur du papier
absorbant. Placez-les ensuite dans un plat en
porcelaine. Excepté l'eau (ou le fumet de poisson),
mélangez tous les ingrédients avec 3 cuillerées à
soupe d'huile d'olive puis versez cette préparation
sur les gambas. Couvrez le plat de film alimentaire
et laissez mariner environ 2 heures au réfrigérateur.
Ôtez les gambas de la marinade, faites chauffer le
reste de l'huile dans une poêle et grillez-y les gambas
environ 2 minutes sur chaque côté.
Pour finir, versez le reste de marinade dans la poêle,
mélangez le tout et mouillez avec l'eau (ou le fumet
de poisson).
Répartissez dans des assiettes et accompagnez de
riz basmati ou de nouilles asiatiques.

Sauce rouille

1 pomme de terre farineuse

5 gousses d'ail épluchées

Quelques filaments de safran
½ cuil. à café de paprika doux en poudre
Gros sel

150 ml d'eau ou de fumet de poisson

2 jaunes d'œuf

150 ml d'huile d'olive

Coupez la pomme de terre en morceaux et
les gousses d'ail en lamelle. Faites chauffer
1 cuillère à soupe d'huile d'olive, ajoutez les
morceaux de pomme dc terre, l'ail et le safran.
Salez (1). Faites légèrement revenir le tout et
saupoudrez de paprika (2 et 3). Arrosez d'eau
ou de fumet de poisson et laissez cuire jusqu'à
ce que les morceaux de pomme de terre
soient moelleux (4). Retirez du feu et écrasez
bien le tout à la fourchette. Laissez refroidir un
instant. Incorporez le jaune d'œuf au fouet puis
ajouter l'huile petit à petit. Remuez jusqu'à
l'obtention d'une masse homogène.
Rectifiez l'assaisonnement avec le gros sel.

*25

Fumet de poisson

Sauce au vin blanc
et au poisson

Fumet de langoustines

Fumets et sauces

Sauce aux oursins

Crème de crustacés

Petite lotte au romarin sur fondue de poivrons et d'oignons

4 lottes de 300 g sans la peau et parées

2 poivrons verts
2 poivrons rouges

1 oignon blanc épluché
1 oignon rouge épluché

3 pommes de terre à chair ferme épluchées

10 gousses d'ail en chemise

5 branches de thym
2 branches de romarin

8 cuil. à soupe d'huile d'olive extra vierge

100 ml de fumet de poisson ou de bouillon de légumes en granulés

Gros sel
Poivre noir du moulin

Coupez les poivrons en deux dans le sens de la longueur. Retirez-en le pédoncule ainsi que le cœur. En fonction de leur taille, coupez les moitiés de poivron une nouvelle fois dans le sens de la longueur, puis détaillez des morceaux de 4 cm. Coupez les oignons en quatre et détaillez les quartiers obtenus en morceaux de 4 cm. Coupez les pommes de terres épluchées en segments de 2 cm d'épaisseur et réservez-les dans de l'eau. Faites chauffer la moitié de l'huile d'olive dans une grande poêle. Séchez les lottes en les tamponnant avec du papier absorbant. Salez-les et poivrez-les, puis faites-les griller dans la poêle brûlante, d'abord sur le dos. Au bout de 3 minutes environ, retournez les morceaux et faites-les griller 2 minutes de l'autre côté. Retirez du feu et réservez. Dans la même poêle, faites revenir les poivrons et les oignons. Assaisonnez. Remplissez un plat carré allant au four avec les poivrons et les oignons revenus. Égouttez les pommes de terre et laissez-les sécher sur du papier absorbant.

Toujours dans la même poêle, versez le reste d'huile d'olive puis ajoutez les segments de pommes de terre ainsi que les gousses d'ail en chemise. Faites-les rissoler environ 5 minutes tout en remuant. Ajoutez cette préparation aux poivrons, puis déposez dessus les lottes grillées. Garnissez de branches de thym et de romarin et arrosez de fumet de poisson. Placez le plat au four préchauffé à 220°C et laissez cuire 20 minutes environ. Arrosez fréquemment avec le jus de cuisson. La lotte est cuite quand la chair en bout de queue commence à se détacher. Dressez sur des assiettes avec la fondue de légumes et le jus de cuisson.

CONSEIL

Quelle que soit la qualité des légumes, l'essentiel est qu'ils soient frais et que leur saveur soit aromatique. Essayez aussi cette recette avec des fonds d'artichauts, des aubergines ou des tomates. Les pommes de terre, qui s'imprègnent du jus du poisson et des aromates, sont d'ailleurs ce que ce plat offre de meilleur.

Arrosez fréquemment les filets de lotte avec le jus
de cuisson afin qu'ils ne se dessèchent pas.

Crevettes grillées sur salade d'avocats et de graines de grenade

20 crevettes fraîches non étêtées et non décortiquées

2 cuil. à soupe d'huile d'olive extra vierge

2 avocats mûrs

Les graines détachées d'une grenade

3 cuil. à soupe d'huile de tournesol
3 cuil. à soupe d'huile de noix

5 cuil. à soupe de vinaigre de Xérès clair

1 cuil. à soupe de sucre en poudre

Gros sel
Poivre noir du moulin

Quelques feuilles de cerfeuil pour décorer

Petite astuce pour retirer l'intestin des crevettes : piquez un cure-dent au niveau du milieu du dos et tirez.

Détachez la tête du corps des crevettes puis décortiquez-les sans ôter la queue. À l'aide d'un cure-dent, retirez l'intestin au niveau du dos. Faites chauffer l'huile d'olive dans une poêle à revêtement anti-adhésif, déposez les crevettes dans le fond puis assaisonnez avec le gros sel et le poivre. Faites griller environ 2 minutes de chaque côté. Réservez.
Ôtez la peau des avocats, coupez-les en deux, retirez leur noyau puis détaillez-les en lamelles que vous répartirez sur 4 assiettes.

Pour la vinaigrette, mélangez le vinaigre de Xérès, le sucre en poudre, le gros sel et le poivre. Incorporez lentement au fouet l'huile de tournesol et l'huile de noix. Ajoutez les graines de grenade à la vinaigrette et versez cette dernière sur les lamelles d'avocat. Répartissez les crevettes sur les assiettes et décorez avec quelques feuilles de cerfeuil.

*20

Badèche

Vives

Coques

Lotte

Barbue

Rougets

Loup de mer

Gambas

Dorade rose

Poulpe

Espadon

Étrille

Sardines

Saint-pierre

31

1 Homard européen
2 Couteaux
3 Langoustine
4 Rascasse
5 Calamar
6 Cigale de mer
7 Merlu
8 Sole
9 Raie pastenague
10 Turbot
11 Langouste rouge
12 Filet de thon

Crevettes

Caviar

Cabillaud

Crevettes blanches

Langouste du Cap

Bulots

Grondin

Civelles

Oursins

Saumon

Petites langoustines

Seiche

Dorade royale

Moules

Truite arc-en-ciel

Cigales de mer grillées au beurre persillé

20 cigales de mer fraîches

100 g de beurre

1 gousse d'ail finement hachée
1 botte de persil frisé finement haché

1 échalote pelée et finement hachée

Le jus d'un citron

Gros sel
1 pincée de poivre de Cayenne

1 citron coupé en quartiers

Lavez les cigales de mer, gardez-les entières et séchez-les soigneusement avec du papier absorbant. Faites fondre le beurre dans une grande poêle, disposez les cigales de mer et faites-les griller environ 2 minutes de chaque côté. Ajoutez l'ail et l'échalote hachés et faites revenir jusqu'à ce qu'ils soient transparents.
Parsemez de persil haché, mouillez avec le jus de citron et assaisonnez avec le gros sel et le poivre de Cayenne.
Dressez sur des assiettes et décorez avec les quartiers de citron.

CONSEIL
Un plat d'été typique, à servir avec un vin blanc frais et à déguster en trempant des morceaux de pain dans le beurre persillé.

Sardines frites aux olives

400 g de petites sardines

100 g de farine instantanée

80 g d'olives vertes

1 citron coupé en quartiers

2 l d'huile de noix pour la friture

Gros sel

Sous l'eau et avec les doigts, étêtez et videz les sardines, puis faites-les sécher sur du papier absorbant. Placez-les ensuite dans une grande passoire et saupoudrez-les de farine. Agitez la passoire de manière à faire tomber l'excédent de farine et plongez immédiatement les sardines dans l'huile chauffée à 160°C. Faites frire 2 minutes. Une fois les sardines frites, placez-les sur du papier absorbant et salez avec le gros sel. Répartissez-les sur des petites assiettes, ajoutez les olives et décorez avec les quartiers de citron.

CONSEIL
Ce plat de sardines est souvent servi à l'apéritif dans les villes et villages portuaires de la Méditerranée.
De petite taille, les sardines peuvent sans problème être mangées entières.

Les sardines sont meilleures avec peu ou pas d'assaisonnement. Avant de les frire, retirez la tête et les entrailles et nettoyez-les soigneusement. Roulez-les dans de la farine puis tapotez-les. Seule une fine couche de farine doit les recouvrir.

*15

Thon aux trois façons

Thon aux trois façons

Tartare de thon à la coriandre

400 g de filet de thon cru
2 cuil. à soupe de sauce de soja claire
1 cuil. à soupe d'huile de sésame
1 cuil. à soupe de coriandre grossièrement hachée
1 citron vert

Coupez le filet de thon en petits dés. Dans un
saladier, mélangez ces derniers avec l'huile de
sésame, la sauce de soja et la coriandre hachée.
Coupez le citron vert en quartiers. Ajoutez-les dans
le saladier.
Ne pressez le jus des quartiers de citron qu'au
moment de servir. L'acidité blanchissant la chair
du poisson, celui-ci deviendrait moins appétissant!

*30

La ventrèche du thon est un mets fin et délicat particulièrement apprécié au Japon pour sa chair moelleuse et riche en graisse.

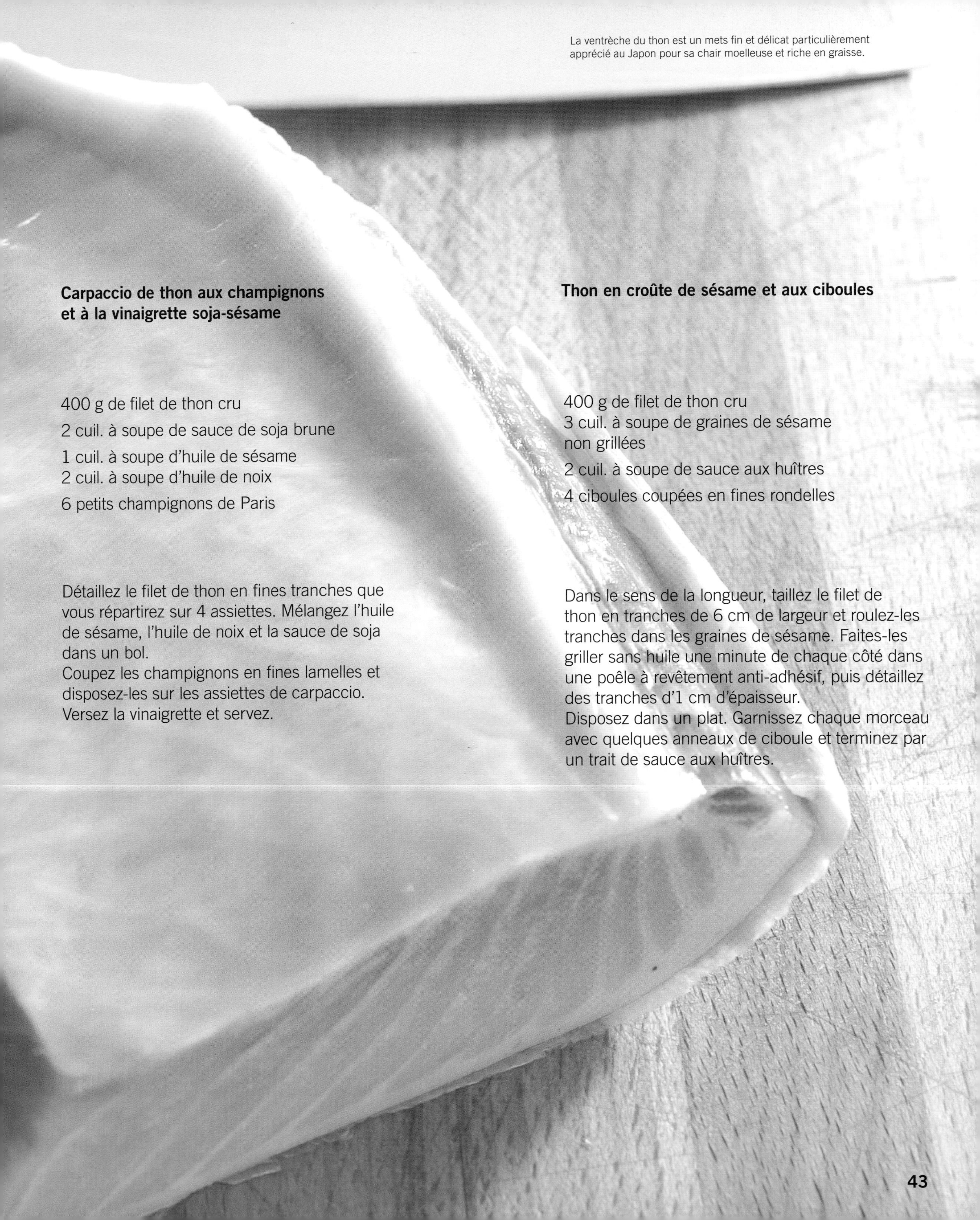

Carpaccio de thon aux champignons et à la vinaigrette soja-sésame

400 g de filet de thon cru
2 cuil. à soupe de sauce de soja brune
1 cuil. à soupe d'huile de sésame
2 cuil. à soupe d'huile de noix
6 petits champignons de Paris

Détaillez le filet de thon en fines tranches que vous répartirez sur 4 assiettes. Mélangez l'huile de sésame, l'huile de noix et la sauce de soja dans un bol.
Coupez les champignons en fines lamelles et disposez-les sur les assiettes de carpaccio. Versez la vinaigrette et servez.

Thon en croûte de sésame et aux ciboules

400 g de filet de thon cru
3 cuil. à soupe de graines de sésame non grillées
2 cuil. à soupe de sauce aux huîtres
4 ciboules coupées en fines rondelles

Dans le sens de la longueur, taillez le filet de thon en tranches de 6 cm de largeur et roulez-les tranches dans les graines de sésame. Faites-les griller sans huile une minute de chaque côté dans une poêle à revêtement anti-adhésif, puis détaillez des tranches d'1 cm d'épaisseur.
Disposez dans un plat. Garnissez chaque morceau avec quelques anneaux de ciboule et terminez par un trait de sauce aux huîtres.

Moules à la provençale

1,5 kg de moules nettoyées

4 cuil. a soupe d'huile d'olive extra vierge

2 échalotes finement hachées
2 gousses d'ail finement hachées

8 tomates olivettes pelées, coupées
en quarts puis en dés

2 feuilles de laurier
1 branche de thym

200 ml de jus de tomate

Gros sel
½ cuil. à café de sucre roux
Poivre noir du moulin

½ botte de basilic

Pour préparer ce plat, choisissez de préférence des tomates mûries au soleil.

Nettoyez soigneusement les moules, vérifiez
si elles sont toutes bien fraîches et égouttez-
les dans une passoire. Faites chauffer l'huile
d'olive dans une grande cocotte, faites-y suer
les échalotes et l'ail, ajoutez les dés de tomates
et assaisonnez avec le sucre roux, le gros sel et
le poivre noir. Ajoutez le thym et les feuilles de
laurier et laissez cuire jusqu'à ce que les dés de
tomates soient réduits en bouillie. Arrosez de jus
de tomate puis versez les moules. Couvrez
et portez rapidement à ébullition. Poursuivez
la cuisson 5 à 10 minutes, jusqu'à ce que toutes
les moules soient ouvertes. Remuez de temps en
temps. Ajoutez les feuilles de basilic coupées en
lanières et servez directement dans la cocotte
ou dans un plat.

CONSEIL
Préparez la sauce tomate en y ajoutant dès le
début une courgette, un poivron et une aubergine
coupés en morceaux : vous obtiendrez un
succulent plat de moules qu'il est aussi possible
d'agrémenter d'autres légumes provençaux.
Des moules aux légumes frais préparés à la
provençale, que demander de plus ?

* 20

Moules aux légumes et à la sauce au vin blanc

1,5 kg de moules nettoyées

30 g de beurre

1 échalote finement hachée
1 gousse d'ail finement hachée

2 carottes épluchées et coupées
en bâtonnets fins
1 poireau détaillé en lanières
2 pieds de céleri en branches détaillés
en lanières

250 ml de vin blanc sec

200 ml de crème liquide

½ botte de persil plat finement haché

Gros sel
Poivre blanc du moulin

Avec des légumes frais et du vin blanc, cette recette de moules est moins relevée que celle à la provençale de cet ouvrage.

Nettoyez soigneusement les moules, vérifiez si elles sont toutes bien fraîches et égouttez-les dans une passoire.
Faites mousser le beurre dans une grande cocotte et faites-y revenir les échalotes et l'ail. Ajoutez les lanières et les bâtonnets de légumes, salez, poivrez et laissez réduire. Versez les moules, arrosez de vin blanc et couvrez immédiatement. Portez rapidement à ébullition et patientez jusqu'à l'ouverture des mollusques. Remuez de temps en temps. Une fois les moules ouvertes, retirez-les à l'aide d'une écumoire et déposez-les dans un saladier que vous couvrirez avec du papier aluminium.

Laissez le jus de cuisson réduire de moitié puis ajoutez-y la crème. Portez un court instant à ébullition, ajoutez le persil haché et rectifiez éventuellement l'assaisonnement avec le gros sel et le poivre. Versez cette sauce sur les moules et servez immédiatement.

*20

Toro au wasabi

300 g de ventre de thon gras ou toro
5 oignons de printemps frais
1 petite bouteille de sauce de soja claire
1 cuil. à soupe de poudre de wasabi
(raifort japonais vert)
1 cuil. à soupe d'eau

À l'aide d'un couteau aiguisé, ôtez avec précaution la peau et les nerfs du thon. En fonction de la taille du morceau, tranchez-le une ou deux fois dans le sens de la longueur, puis détaillez-le en tranches fines d'environ 6 cm de long.
Placez ces tranches sur une planche.
Nettoyez les oignons de printemps et coupez-les en rondelles fines. Mélangez la moitié de la poudre de wasabi à l'eau et versez cette préparation avec les rondelles d'oignons sur le thon. Versez un peu de sauce de soja claire dans une coupelle et ajoutez-y l'autre moitié du wasabi.
Dégustez les morceaux de thon trempés dans le bol accompagnés des rondelles d'oignons avec une bière japonaise.

*15

Petites pommes de terre
à la crème aigre et au caviar

300 g de petites pommes de terre farineuses

100 g do caviar du type de votre choix

200 g de crème aigre

Gros sel

Épluchez les pommes de terre, coupez-les dans le sens de la longueur et taillez l'arrondi de chaque moitié obtenue afin qu'elles ne se renversent pas par la suite. Cuisez les pommes de terre dans de l'eau salée, égouttez-les et placez-les dans un plat. Sur chacune des moitiés encore chaudes, déposez un peu de crème aigre et répartissez le caviar avec une cuillère en nacre.

CONSEIL
Pour mieux apprécier le caviar, réduisez le nombre de pommes de terres et garnissez-les généreusement. L'autre option consiste à se procurer davantage de caviar... En outre, oubliez les accompagnements superflus tels qu'oignons, citrons ou salades d'œufs durs.
Vous reconnaîtrez un bon caviar à ses grains fermes, fondants à l'intérieur et à son merveilleux goût de noisette.

Le caviar, un mets de luxe qui s'apprécie seul ou accompagné de blinis et de crème aigre, mais qui magnifie aussi de nombreux plats.

Couteaux gratinés à l'ail et à la sauce de soja

1 kg de couteaux frais

8 cuil. à soupe d'huile d'olive extra vierge

3 gousses d'ail finement hachées

1 botte de persil plat haché

4 cuil. à soupe de sauce de soja

4 cuil. à soupe de chapelure

Nettoyez les mollusques à grande eau, ouvrez-les à l'aide d'un couteau pointu et placez-les sur la plaque du four. Mélangez le persil, l'ail, l'huile d'olive et la sauce de soja et répandez peu à peu le tout à l'aide d'une cuillère sur les couteaux ouverts. Saupoudrez de chapelure et passez au four préchauffé à 230°C 5 minutes environ. Du fait de la taille des coquillages, la cuisson se fait très rapidement. Ils sont cuits à point dès lors que la chapelure a pris une belle couleur dorée.

Ouvrez les couteaux avec précaution à l'aide d'un couteau pointu, alignez-les sur la plaque de votre four et arrosez-les de marinade.

*20

Steak d'espadon aux olives vertes, aux tomates séchées et au cresson d'eau

4 steaks d'espadon de 250 g chaque

4 cuil. à soupe d'huile d'olive extra vierge

12 gousses d'ail en chemise

1 cuil. à café du zeste d'un citron en fins bâtonnets

20 g de beurre

100 g de petits champignons de Paris
coupés en deux

100 g d'olives vertes entières
60 g de tomates séchées

150 ml de vin blanc sec

1 botte de cresson d'eau

Un peu de jus de citron

Gros sel
Poivre noir du moulin

Quartiers de citron pour décorer

Nettoyez les steaks d'espadon et essuyez-les avec du papier absorbant. Faites chauffer la moitié de l'huile dans une grande poêle et grillez-y les gousses d'ail en chemise après les avoir légèrement pressées. Poussez-les sur le côté de la poêle et déposez les steaks d'espadon salés et poivrés. Parsemez ces derniers de zestes de citron afin qu'ils s'imprègnent d'une délicieuse saveur fraîche. Retournez les steaks au bout de 3 minutes et faites-les griller autant de temps sur l'autre face. Retirez-les alors de la poêle, couvrez-les de papier aluminium et maintenez-les au chaud. Mettez du beurre dans la poêle et faites-y griller les champignons coupés en deux. Ajoutez les tomates séchées grossièrement hachées et les olives, puis arrosez de vin blanc. Laissez réduire quelques minutes.

Entre-temps, nettoyez le cresson d'eau. Faites-le mariner dans le reste d'huile d'olive et un peu de jus de citron. Dressez les steaks d'espadon sur des assiettes et disposez le cresson sur le côté. Arrosez avec la sauce aux tomates et aux olives. Pour finir, décorez de bâtonnets de zeste de citron.
Servez accompagné de pain blanc frais.

CONSEIL
Préparés de la sorte, les steaks de thon sont également délicieux.

*40

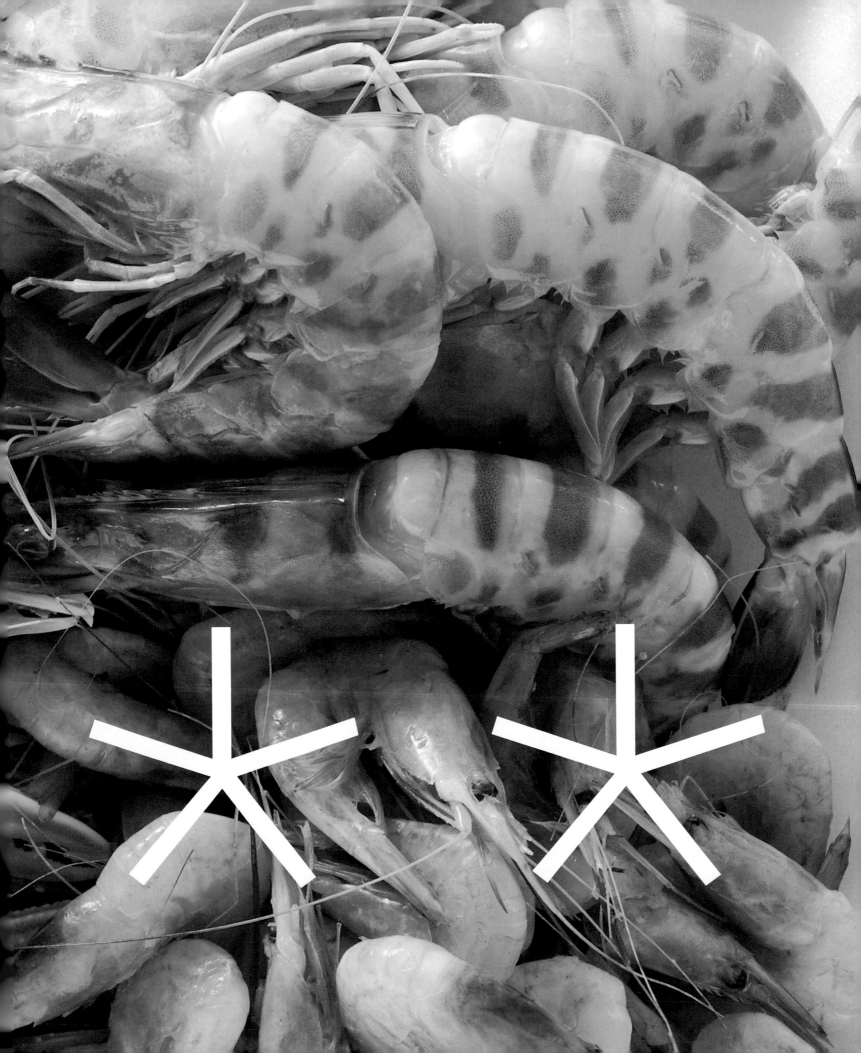

Fumet de langoustines

Ingrédients pour 2 litres de fond

2 kg de carapaces et de pinces
de langoustines et de gambas

60 ml d'huile d'olive

100 g de beurre

3 gousses d'ail coupées en deux

2 branches de thym

2 carottes épluchées

1 bulbe de fenouil
3 pieds de céleri en branches
3 échalotes épluchées
1 oignon blanc épluché

1 cuil. à café de concentré de tomate
4 cuil. à soupe de ketchup

2 feuilles de laurier
½ cuil. à café de grains de poivre
blanc légèrement écrasés
3 clous de girofle

Quelques tiges de persil

50 ml de Cognac
250 ml de vin blanc
50 ml de porto blanc

2,5 l d'eau ou de fumet de poisson

Gros sel

La base de tout fumet : des légumes finement émincés, des aromates et du sel.
Coupez les langoustines en petits morceaux à l'aide d'une paire de ciseaux.
Réduisez également les pinces en petits fragments.
Les carcasses de langoustines sont riches en goût (photos 2 à 4)

CONSEIL
Les langoustines doivent être de première fraîcheur.
Si leurs carcasses présentent déjà des tâches noires, le fumet risque d'être trop âpre.

Fumet de langoustines

À l'aide d'une paire de ciseaux de cuisine, coupez en petits morceaux les carcasses de langoustines et de gambas (2 à 4). Concassez les pinces de langoustines à l'aide des ciseaux ou du dos d'un couteau lourd et faites-les revenir, avec les carcasses, dans une cocotte contenant l'huile et le beurre. Faites griller à feu doux en remuant continuellement (5). Veillez à ce que les carcasses ne noircissent pas. Ajoutez les gousses d'ail coupées en deux (6), ainsi que la branche de thym ciselée. Poursuivez la cuisson. Entre-temps, détaillez les légumes en dés d'1 cm et jetez-les dans la cocotte avec les feuilles de laurier et les épices. (7).

Faites revenir le tout jusqu'à ce que les légumes soient fondants et aient réduit de volume. Poussez les carcasses sur les bords de la cocotte et faites légèrement dorer le coulis de tomate et le ketchup afin d'ôter un peu d'acidité.

Remuez l'ensemble, ajoutez les tiges de persil et arrosez de Cognac (8).
Versez ensuite le porto blanc et le vin blanc et laissez réduire (9).
Arrosez de liquide et laissez mijoter environ 15 minutes à feu doux. (10). Passez le fumet au chinois en pressant bien les carcasses de langoustines (11).
Un fumet de langoustines peut servir de base à différents plats de crustacés : velouté, pâtes, risotto, etc.

8

9

** 60

Aile de raie Grenobloise accompagnée de pommes vapeur

4 petites ailes de raie sans peau d'environ
350 g chaque

4 cuil. à soupe d'huile de tournesol
80 g de beurre

500 g de pommes de terre farineuses

1 cuil. à soupe de moutarde en grains
de Meaux

1 citron détaillé en quartiers

1 cuil. à soupe de câpres

1 cuil. à soupe de persil plat coupé
en fines lanières

Gros sel

La raie est un poisson très délicat. Jusqu'à sa préparation, conservez-la au froid enveloppée dans du film alimentaire.

Nettoyez les ailes de raie et essuyez-les délicatement avec du papier absorbant. Salez-les puis placez-les, du côté le plus épais d'abord, dans une grande poêle ou dans deux poêles moyennes à revêtement anti-adhésif. Faites griller environ 5 minutes à feu moyen, arrosez avec l'huile de cuisson, puis retournez. Retirez l'huile à l'aide d'une cuillère et remplacez-la par le beurre.
Poursuivez la cuisson à feu doux pendant encore 5 minutes, en arrosant continuellement avec le beurre mousseux.
Entre-temps, détaillez les pommes de terre épluchées en quartiers et cuisez-les dans de l'eau salée. Une fois cuites, égouttez-les et laissez la vapeur s'en échapper un peu. De cette façon, elles s'imprègneront plus facilement de beurre fondu.

Badigeonnez les ailes de raie de moutarde en grains, ajoutez les câpres et les filets de citron, puis parsemez de persil finement ciselé. Arrosez encore une fois la garniture de beurre mousseux et dressez sur des assiettes. Placez les pommes de terre sur le côté et servez.

CONSEIL
Les câpres les plus raffinées sont les non-pareilles. Il s'agit des petits boutons à fleurs aromatiques du câprier.

**40

Petits pains ciabatta fourrés
à l'aïoli et à la tortilla aux civelles

Petits pains ciabatta fourrés à l'aïoli et à l'omelette de civelles

250 g de civelles (jeunes anguilles)

4 cuil. à soupe d'huile d'olive

3 œufs frais

Gros sel
Poivre noir du moulin

4 petits pains ciabatta

1 grosse tomate mûre

Sauce aïoli (voir recette)

Placez les civelles dans une passoire et nettoyez-les à grande eau en veillant à éliminer toutes les impuretés. Faites chauffer l'huile dans une poêle à revêtement anti-adhésif et faites-y revenir les civelles rapidement jusqu'à ce qu'elles blanchissent. Salez et poivrez les œufs puis battez-les. Versez-les ensuite sur les poissons et cuisez le tout comme une omelette. Retournez au bout de quelques instants.
Coupez les petits pains dans le sens de la longueur et faites-les griller légèrement au grille-pain. Sur chaque moitié, étalez un peu d'aïoli et déposez une ou deux tranches de tomate. Retournez la tortilla sur une planche et détaillez-la en morceaux. Placez-en sur les moitiés de pain avant de les refermer.

CONSEIL
Si vous avez la possibilité de vous procurer ces petits poissons, n'hésitez pas un instant, c'est un vrai régal. Pour une omelette encore plus savoureuse, râpez-y une courgette de taille moyenne.

Sauce aïoli

2 jaunes d'œuf

3 gousses d'ail pelées

Gros sel

100 ml d'huile d'olive extra vierge

150 ml d'huile de tournesol

Le jus d'un demi-citron

Poivre blanc du moulin

Versez les jaunes d'œuf dans un bol. Hachez les gousses d'ail et écrasez-les à l'aide du plat d'un grand couteau avec 1/2 cuillerée à café de gros sel. Ajoutez l'ail aux œufs en mélangeant au moyen d'un fouet. Incorporez lentement les deux huiles en fouettant jusqu'à l'obtention d'une sauce homogène.
Pour finir, assaisonnez avec le jus de citron et le poivre blanc.
En fonction de la consistance, ajoutez quelques gouttes d'eau bouillante de sorte que la sauce devienne un peu plus fluide et que les jaunes d'œufs se mélangent plus facilement à l'huile.

**30

Poêlez rapidement les civelles dans de l'huile brûlante, ajoutez les œufs battus, laissez prendre, retournez : vous obtenez une belle omelette.

Rougets grillés aux tomates jaunes et à la tapenade d'olives noires

16 rougets de taille moyenne

500 g de tomates cerise jaunes

4 cuil. à soupe d'huile d'olive extra vierge

1 petite gousse d'ail finement hachée
1 échalote finement hachée

Gros sel
Poivre noir du moulin

10 feuilles de basilic coupées en lanières

Pour la tapenade :

100 g d'olives noires dénoyautées
60 ml d'huile d'olive extra vierge

40 g d'amandes moulues

Les petites tomates cerise jaunes ne se distinguent pas seulement des rouges par leur couleur, elles sont aussi un peu plus sucrées. Pour la préparation de ce plat, il est préférable de les faire revenir légèrement dans de l'huile d'olive.

Écaillez les rougets, videz-les et coupez les branchies à l'aide d'une paire de ciseaux de cuisine. Salez l'intérieur et l'extérieur et donnez un tour de moulin. Chauffez l'huile dans un plat rectangulaire allant au four et faites-y fondre l'ail et l'échalote finement hachés. Ajoutez les tomates pour les faire légèrement suer.
Placez les rougets sur ce lit de tomates.
Pour la tapenade, mixez les olives, l'huile d'olive et les amandes moulues à l'aide d'un robot ménager jusqu'à l'obtention d'une pâte lisse. Avec une cuillère, étalez cette pâte sur les rougets. Terminez en parsemant les poissons de feuilles de basilic coupées en lanières.
Passez au four préchauffé à 200°C pendant 15 à 20 minutes.

CONSEIL
Accompagnez ce plat d'une salade verte assaisonnée de vinaigrette aux herbes et d'un rosé frais. Il est possible de remplacer les rougets par des dorades ou du loup de mer. Adaptez alors le temps de cuisson à la taille des poissons.

** 45

Bouillabaisse à la sauce rouille

1 kg de filets de rougets, de vives, de dorades
et de rascasses

200 g de calamars de taille moyenne

150 g de moules

6 cuil. à soupe d'huile d'olive extra vierge

2 échalotes finement hachées
3 gousses d'ail en chemise

3 poivrons (1 rouge, 1 jaune, 1 vert) détaillés
en lanières

2 carottes coupées en bâtonnets
1 bulbe de fenouil coupé en bâtonnets
2 branches de céleri coupées en bâtonnets

2 branches de thym
½ cuil. à café de filaments de safran

4 cl de pastis

250 ml de vin blanc corsé

1 l de fumet de poisson ou de bouillon
de légumes (en granulés à défaut)

½ botte de basilic

Gros sel
Poivre noir du moulin

Feuilles de basilic pour décorer

8 tranches de pain blanc

8 cuil. à soupe de sauce rouille (voir recette page 20)

Les oignons rouges sont un peu plus doux
et sucrés que les oignons blancs et ont
l'avantage de colorer ce plat.

Écaillez les filets, retirez-en les arêtes et tamponnez-
les avec du papier absorbant. Détaillez-les en
morceaux d'environ 5 cm. Détachez la tête des
calamars puis nettoyez soigneusement l'intérieur des
tubes en ôtant les entrailles. Séchez avec du papier
absorbant et coupez en anneaux.
Hachez finement une gousse d'ail, mélangez-la à
2 cuillerées à soupe d'huile d'olive et faites-y mariner
les filets de poisson et les calamars environ 1 heure.

Faites chauffer le reste d'huile d'olive dans une grande
cocotte. Faites-y fondre les échalotes ainsi que l'ail
en chemise jusqu'à ce qu'ils deviennent transparents.
Ajoutez les lanières de légumes. Salez, poivrez. Jetez
les filaments de safran et les branches de thym et
faites revenir le tout jusqu'à ce que les légumes aient
diminué de volume.
Mouillez avec le pastis et le vin blanc et laissez réduire.
Salez les filets de poisson marinés et répartissez-les sur
les légumes. Ajoutez les moules trempées dans l'eau et
égouttées. Arrosez de fumet de poisson.
Portez à ébullition et ajoutez les feuilles de basilic
ciselées. Faites mijoter 5 minutes à feu doux puis
laissez macérer 5 minutes hors du feu. Dorez les
tranches de pain au grille-pain et enduisez-les de
sauce rouille.

Servez la soupe dans des assiettes creuses, décorez de
feuilles de basilic et accompagnez de tranches de pain
blanc grillées.

Langouste sauce cocktail
et salade

Langouste sauce cocktail et salade

1 langouste rouge d'environ 800 g

Le cœur d'une salade romaine

Quelques feuilles claires de céleri en branches

Tranches de citron vert pour décorer

Pour la sauce cocktail :

100 g de mayonnaise
4 cuil. à soupe de ketchup

2 cl de Cognac

1 cuil. à café de raifort en pot

Le jus d'une demi-orange

Gros sel
Poivre de Cayenne

Portez de l'eau à ébullition dans une grande cocotte
(vérifiez au préalable qu'elle est assez grande
pour contenir la langouste et que l'eau de cuisson
recouvre cette dernière). Assaisonnez avec le poivre
de Cayenne et le gros sel. Plongez la langouste
dans l'eau bouillante. Laissez bouillir un instant et
poursuivez la cuisson à feu doux pendant 5 minutes.
Retirez du feu et laissez la langouste dans l'eau
pendant 10 minutes. Sortez-la ensuite de l'eau et
laissez-la refroidir.
Pour préparer la sauce cocktail, versez la
mayonnaise dans un bol. Mélangez-la avec le reste
des ingrédients jusqu'à l'obtention d'une sauce lisse.
Assaisonnez avec le gros sel et le poivre de Cayenne
pour la rendre piquante.
Tapissez quatre coupes avec les cœurs de salade
romaine.
Détachez la queue de la langouste, coupez-la
en morceaux et répartissez-les dans les coupes.
Décorez avec les antennes et les pattes. Nappez
d'un peu de sauce cocktail, garnissez de tranches
de citron vert et de feuilles de céleri en branches.
Pour finir, saupoudrez la sauce d'un peu de poivre
de Cayenne.

CONSEIL
Donnez une touche raffinée à la sauce cocktail en
y ajoutant un peu de Grand Marnier.

Langouste grillée aux spaghettini et aux tomates fraîches

1 langouste rouge de 600 à 800 g

3 cuil. à soupe d'huile d'olive extra vierge
30 g de beurre

1 échalote finement hachée

½ gousse d'ail finement hachée

500 g de tomates olivettes pelées et épépinées

Gros sel
Poivre noir du moulin

100 ml de fumet de poisson/langoustines ou
de bouillon de légumes (en granulés à défaut)

½ botte de feuilles de basilic coupées en fines lanières

500 g spaghettini

Une recette simple et rapide : il suffit de griller les morceaux de langoustes crus et nettoyés dans de l'huile chaude, d'ajouter des dés de tomate et de mouiller le tout avec du fumet de poisson.

Avec un grand couteau de cuisine, coupez la langouste dans le sens de la longueur. Détachez la queue et détaillez-la en médaillons en rompant les articulations. Coupez l'extrémité de la queue en deux dans le sens de la longueur. Faites chauffer le beurre et l'huile dans une poêle et dorez-y des deux côtés les morceaux de langouste préalablement salés et poivrés. Ajoutez l'échalote et l'ail finement hachés et faites-les fondre. Jetez les tomates coupées en dés et salez et poivrez à nouveau. Faites légèrement réduire les dés de tomate avant d'arroser de fumet de poisson ou de langoustines. Ajoutez les spaghettini cuits *al dente* dans une grande quantité d'eau salée et poursuivez la cuisson pendant 2 minutes en remuant. Les pâtes sont prêtes dès lors qu'elles ont absorbé la sauce. Incorporez les feuilles de basilic et servez aussitôt.

CONSEIL
Essayez cette recette avec des gambas, plus économiques ! Dans ce cas, retirez-les de la poêle dès qu'elles sont grillées et préparez la sauce tomate dans cette même poêle. Ne rajoutez les gambas qu'à la fin avec les pâtes car trop cuites, elles deviendraient sèches et dures.

**30

Soupe de poissons rustique au safran et au basilic

500 g de rougets

500 g de vives

8 cuil. à soupe d'huile d'olive extra vierge

3 gousses d'ail pelées

½ cuil. à café de filaments de safran

3 branches de thym

1 poivron rouge et 1 poivron jaune

2 carottes épluchées

1 bulbe de fenouil
2 branches de céleri en branches
1 oignon blanc

2 branches de thym
3 feuilles de laurier
½ cuil. à café de graines de fenouil pilées
½ cuil. à café de grains de poivre noir pilés
½ cuil. à café de filaments de safran

50 ml de pastis
250 ml de vin blanc corsé
2 l d'eau

½ botte de basilic

Gros sel
Poivre noir du moulin

Feuilles de basilic pour décorer

Écaillez les poissons, videz-les et coupez les branchies à l'aide d'une paire de ciseaux de cuisine. Détaillez les poissons (têtes incluses) en morceaux de 5 cm. Coupez les gousses d'ail en lamelles et faites-les mariner environ une heure dans la moitié de l'huile avec les filaments de safran et les branches de thym. Coupez les poivrons en deux dans le sens de la longueur. Retirez-en le pédoncule, les graines et les parties blanches, puis nettoyez-les.

Détaillez poivrons, carottes, bulbe de fenouil et oignon en morceaux d'1 cm et faites-les fondre dans une grande cocotte avec le reste d'huile. Ajoutez les feuilles de laurier grossièrement ciselées ainsi que les graines de fenouil et les grains de poivre pilés. Faites légèrement griller ces aromates afin qu'ils exhalent leur arôme. Ajoutez les morceaux de poisson marinés, salez et faites cuire le tout. Mouillez d'abord avec le pastis puis avec le vin blanc et laissez réduire un peu. Ajoutez la botte de basilic après l'avoir grossièrement hachée. Arrosez d'eau froide et laissez cuire à feu doux 10 minutes environ. Passez le tout au mixeur et assaisonnez avec le gros sel, un peu de pastis et le poivre du moulin.
Servez dans de petites soupières et décorez de feuilles de basilic.

CONSEIL
Cette soupe est particulièrement succulente accompagnée de croûtons de pain de campagne frottés à l'ail.

** 75

Coques à la sauce à la bière et aux oignons cuits au vin rouge

1,5 kg de coques

30 g de beurre

0,33 l de bière blonde

1 branche de thym
1 feuille de laurier

250 g de crème liquide

2 oignons rouges pelés

1 cuil. à soupe d'huile de tournesol

1 cuil. à café de sucre roux

Gros sel
Poivre noir du moulin

½ l de vin rouge charnu

On reconnaît des coques fraîches au fait qu'elles s'ouvrent et se ferment par intermittence. Pour vérifier la fraîcheur des coques légèrement entre-ouvertes, frappez-les sur un plan. Jetez celles qui ne se referment pas. De même, toutes les coques qui restent fermées au terme de la cuisson doivent être éliminées.

Coupez les oignons en deux et détaillez-les en lanières dans le sens de la longueur. Faites-les suer dans de l'huile additionnée de sucre, de gros sel et de poivre noir jusqu'à transparence. Arrosez de vin rouge et laissez mijoter jusqu'à ce que ce dernier ait réduit et que les oignons aient pris une couleur rouge foncé.
Nettoyez les coques et égouttez-les dans une passoire. Faites fondre le beurre dans une grande casserole, faites-y blondir la branche de thym ainsi que la feuille de laurier, puis ajoutez les coques égouttées. Mouillez avec la bière et couvrez. Poursuivez la cuisson jusqu'à ce que tous les coquillages soient ouverts. Retirez-les à l'aide d'une écumoire et placez-les dans un saladier. Faites réduire le jus coques-bière. Arrosez avec la crème, assaisonnez avec le poivre et éventuellement le gros sel, puis reversez les moules dans la casserole. Mélangez bien avant de répartir le tout dans des assiettes creuses chaudes. Avant de servir, parsemez des lanières d'oignon au vin rouge.

CONSEIL
Servir de préférence avec la bière employée dans la préparation.

Dorade rose piquée de lemon-grass aux brocolis grillés et au gingembre

4 filets de dorade rose avec la peau

4 tiges de lemon-grass

2 cuil. à soupe de sauce de poisson thaïlandaise

2 piments verts

500 g de brocolis
1 cuil. à soupe de gingembre râpé

4 cuil. à soupe de sauce aux huîtres

1 poireau coupé en rondelles

4 cuil. à soupe d'huile de noix

Gros sel

Palpez les filets avec les doigts pour vérifier qu'ils ne comportent plus d'arêtes. Retirez celles éventuellement trouvées à l'aide d'une pince à arêtes. Nettoyez les filets puis séchez-les en les tamponnant avec du papier absorbant. Tous les 3 cm, incisez la peau avec un couteau très aiguisé ou une lame de rasoir. Détaillez des tronçons de 13 cm dans chaque tige de lemon-grass et coupez-les en quatre bâtons dans le sens de la longueur. Piquez chaque filet de quatre bâtons de lemon-grass. Mettez les filets à mariner une heure dans la sauce de poisson additionnée de piments verts coupés en rondelles.
Nettoyez les brocolis, retirez leur tronc et coupez-les en morceaux. Dans une poêle ou un wok, chauffez la moitié de l'huile de noix et faites-y griller lentement les morceaux de brocoli. Ajoutez les rondelles de poireau et mouillez avec la sauce aux huîtres. Pour finir, incorporez le gingembre râpé.
Entre-temps, faites chauffer le reste de l'huile dans une poêle à revêtement anti-adhésif et placez-y les filets de poisson peau vers le bas. Faites revenir les filets pendant 5 minutes environ à feu moyen et retournez-les.

Dressez les brocolis et les rondelles de poireau sur quatre assiettes chaudes avant de placer un filet sur chacune d'elles.
Garnissez avec les rondelles de piments poêlées.

Brochettes de poulpe panées à la noix de coco sur sauce piquante  aux tomates et aux oignons

1 poulpe frais d'environ 1 kg

2 gousses d'ail en chemise

2 branches de thym

1 cuil. à café de grains de poivre blanc

Gros sel marin

¼ de citron

1 blanc d'œuf légèrement battu

100 g de flocons de noix de coco

3 cuil. à soupe d'huile de tournesol

2 oignons blancs pelés
1 petite gousse d'ail finement hachée

2 cuil. à soupe d'huile de tournesol

1 cuil. à soupe de sucre roux

1 cuil. à café de coulis de tomate
1 cuil. à soupe de sauce chili douce-forte
250 ml de jus de tomate

Le jus de 2 citrons verts

Gros sel
Poivre noir du moulin

Tranches de citron vert pour décorer

Nettoyez le poulpe à grande eau et videz-le. Dans une grande casserole, portez à ébullition une grande quantité d'eau que vous aurez assaisonnée avec du sel, le thym, les gousses d'ail en chemise, les grains de poivre ainsi que le quart de citron. Plongez le poulpe dans l'eau bouillante et faites-le cuire à feu doux environ 2 heures et demie.

Nettoyez le poulpe sous l'eau froide en veillant à éliminer toute pellicule gluante. Plongez-le ensuite dans de l'eau bouillante assaisonnée pour le cuire.

Brochettes de poulpe panées à la noix de coco sur sauce piquante aux tomates et aux oignons

Entre-temps, coupez les oignons en deux dans le sens de la longueur et émincez-les. Faites-les revenir dans un mélange d'huile de tournesol, de sucre roux, de gros sel et de poivre noir jusqu'à ce qu'ils soient fondants et aient diminué de volume. Attention de ne pas les grillez. Ajoutez le coulis de tomate ainsi que la sauce chili et laissez mijoter encore un peu à feu doux. Ajoutez le jus de tomate et le jus de citron vert et laissez cuire à feu doux pendant environ 10 minutes jusqu'à ce que la sauce ait pris une consistance rappelant celle d'un chutney.

Vérifiez à l'aide d'une fourchette à viande si le poulpe est cuit. Retirez-le de l'eau, laissez-le refroidir un instant ; coupez alors les tentacules et ôtez les peaux noires. Détaillez-le en morceaux de 2 cm et 5 cm et montez les brochettes en alternant petits et gros morceaux. Trempez les brochettes dans le blanc d'œuf battu et panez-les avec les flocons de noix de coco. Faites chauffer de l'huile dans une poêle à revêtement anti-adhésif et dorez les brochettes des deux côtés.
Répartissez la sauce dans des assiettes, placez-y les brochettes et décorez de tranches de citron vert.

** 180

Salade de poulpe mariné et de haricots blancs

1 poulpe frais d'1 kg environ

2 gousses d'ail en chemise

2 branches de thym
1 cuil. à café de grains de poivre blanc
Gros sel marin

¼ de citron
Le jus d'un citron

4 cuil. à soupe d'huile d'olive de première qualité

200 g de petits haricots blancs secs

6 cuil. à soupe d'huile d'olive extra vierge

1 l d'eau ou de bouillon de légumes en granulés

1 branche de romarin

2 gousses d'ail en chemise

½ botte de persil frisé

2 cuil. à soupe de vinaigre de vin blanc

Poivre noir du moulin

1 cœur de salade romaine
2 oignons de printemps

Les petits haricots blancs sont mis à mariner avec un peu d'ail finement haché. Les morceaux de poulpe macèrent quant à eux dans un mélange d'huile d'olive et de jus de citron.

Lavez le poulpe à grande eau et videz-en l'intérieur. Dans une grande casserole, portez à ébullition une grande quantité d'eau que vous aurez assaisonnée avec du sel, le thym, les gousses d'ail en chemise, les grains de poivre et le quart de citron. Plongez le poulpe dans l'eau bouillante et faites-le cuire à feu doux environ 2 heures et demie.

Entre-temps, faites chauffer 1 cuillerée à soupe d'huile d'olive dans une casserole de taille moyenne et faites-y infuser une gousse d'ail en chemise pressée ainsi que la branche de romarin. Ajoutez les haricots blancs et arrosez d'eau (ou de bouillon de légumes). Laissez mijoter pendant une heure environ et arrosez à nouveau d'eau si nécessaire. Une fois les haricots fondants, égouttez-les dans une passoire et versez-les dans un saladier.

Faites mariner les haricots dans un mélange préparé avec le vinaigre de vin blanc, le reste d'huile d'olive, le persil finement haché et la deuxième gousse d'ail pressée. Réservez.

Vérifiez à l'aide d'une fourchette à viande si le poulpe est cuit. Retirez-le de l'eau, laissez-le refroidir un instant puis coupez les tentacules et ôtez les peaux noires. Détaillez-le en morceaux de 3 cm que vous ferez mariner dans le jus de citron, l'huile d'olive et un peu de gros sel.

Nettoyez le cœur de salade romaine et répartissez-en les feuilles sur des assiettes. Placez dessus les haricots et le poulpe marinés. Parsemez de rondelles d'oignons de printemps.

CONSEIL
Servez accompagné de pain blanc ou de grissini.

**180

Beignets de barbue et frites / Fish and Chips

Rien de meilleur que des frites maison à base de pommes de terre farineuses !

Incorporez un peu d'huile dans la pâte afin qu'elle soit croustillante une fois frite.

Il est préférable de frire les frites en deux fois pour qu'elles soient cuites à l'intérieur et croustillantes à l'extérieur.

600 g de filets de barbue

Le jus d'un citron

Gros sel
Poivre blanc du moulin

2 cuil. à soupe de farine type 55

500 g de pommes de terre farineuses

2 l d'huile de noix

Quelques gouttes de vinaigre de vin blanc

300 g de farine de type 55

1 cuil. à café de levure chimique

360 ml de bière

3 jaunes d'œuf
8 cuil. à soupe d'huile
3 blancs d'œuf

Sel

Épluchez les pommes de terre et coupez-en les contours arrondis afin de pouvoir tailler des frites de même taille, d'1 cm de large et de 6 cm de longueur. Jetez les frites dans de l'eau froide et laissez-les tremper pendant environ une demi-heure, afin que l'amidon qu'elles contiennent s'élimine dans l'eau et qu'elles soient plus croustillantes une fois cuites. Séchez-les dans du papier absorbant en les frottant légèrement.

Dans un saladier, versez la levure, la bière et les jaunes d'œuf. Mélangez au fouet jusqu'à l'obtention d'une pâte lisse. Incorporez l'huile peu à peu puis laissez reposer 10 à 15 minutes.
Montez les blancs d'œuf en neige souple et incorporez-les délicatement à la pâte.
Détaillez les filets de barbue en morceaux d'environ 10 cm de long et 3 cm de large. Salez, poivrez et trempez dans le jus de citron. Saupoudrez les morceaux de 2 cuillères à soupe de farine puis enveloppez-les de pâte. Faites-les frire 5 minutes

environ dans l'huile de noix chauffée à 160°C : ils doivent prendre une belle couleur dorée. Pour la friture, utilisez une casserole à bords hauts pour éviter que l'huile n'éclabousse toute la cuisine. Placez les filets cuits sur une grille et maintenez au chaud au four préchauffé à 100°C.
Passez l'huile brûlante au chinois au-dessus d'une casserole à bords hauts puis préchauffez-la à 160°C. Jetez les frites séchées dans l'huile chaude et faites-les frire environ 2 minutes en veillant à ne pas trop les dorer. Retirez-les et laissez-les égoutter sur du papier absorbant. Entre-temps, chauffez l'huile à 190°C. Jetez-y ensuite les frites précuites. Attendez qu'elles soient bien dorées et croustillantes avant de les verser dans une passoire garnie de papier absorbant. Salez et retournez les frites. Servez les filets de poisson accompagnés de frites et assaisonnez le tout d'un trait de vinaigre de vin blanc.

CONSEIL
Vous pouvez remplacer la barbue par du cabillaud, de l'églefin ou des gambas décortiquées. Un aïoli ou une rémoulade se marient aussi très bien avec ce plat. Il suffit de ne pas compter les calories !

Lever des filets de barbue

À l'aide d'un couteau aiguisé, incisez la chair de chaque côté de l'arête centrale et détachez les filets jusqu'aux nageoires. Utilisez le même couteau pour retirer la peau des filets (2). Gardez la carcasse pour la préparation d'un fumet de poisson.

1

**15

Cabillaud sur salade de betteraves rouges aux haricots tiédis et aux herbes marinées

600 g de cabillaud sans peau

2 cuil. à soupe d'huile de tournesol

8 betteraves rouges avec leur vert

200 g de haricots fins

Gros sel
Sucre roux
1 cuil. à café de cumin
2 cuil. à soupe de vinaigre de fruits

Pour la vinaigrette :

10 cuil. à soupe d'huile de tournesol

6 cuil. à soupe de vinaigre de cidre

2 cuil. à café de sucre
Gros sel
Poivre noir du moulin
½ cuil. à café de cumin en poudre

Pour les herbes marinées :

½ botte de persil plat
½ botte d'aneth

Gros sel
Poivre noir du moulin

1 cuil. à soupe d'huile de tournesol pressée à froid

Le jus d'un demi-citron

1 pomme de terre à chair ferme coupée en tranches fines

4 cuil. à soupe d'huile de tournesol

Plongez les betteraves (dont vous aurez laissé 1 cm de vert) dans un mélange relevé d'eau, de gros sel, de sucre, de vinaigre de fruits et de cumin et faites-les cuire jusqu'à ce qu'elles soient fondantes. Laissez-les refroidir puis épluchez-les. Coupez-les en deux et détaillez des segments fins.

Coupez la queue des haricots à l'aide d'un petit couteau et cuisez-les dans de l'eau salée. Arrêtez la cuisson dès qu'ils sont croquants. Trempez-les dans de l'eau froide et réservez.

Préparez la vinaigrette en mélangeant le vinaigre de cidre avec le sucre, le gros sel, le cumin en poudre et le poivre, puis incorporez l'huile de tournesol à l'aide d'un fouet. Versez la moitié de cette préparation sur les betteraves et l'autre moitié sur les haricots. Laissez mariner un instant.

Détaillez les filets de cabillaud en quatre morceaux. Faites chauffer l'huile dans une poêle à revêtement anti-adhésif et grillez-y des deux côtés les morceaux de cabillaud salés au gros sel. Ciselez le persil et l'aneth.

Mélangez avec du gros sel, du poivre noir, le jus de citron et l'huile de tournesol.

Dressez les betteraves marinées dans quatre assiettes creuses et posez les morceaux de cabillaud grillé dessus. Garnissez d'abord avec les haricots marinés, puis avec les herbes. Ajoutez enfin les tranches fines et croustillantes de pommes de terre frites dans l'huile.

Sole entière grillée au beurre de sauge et accompagnée de pommes de terre persillées

4 soles de 400 à 500 g chaque

8 cuil. à soupe d'huile de tournesol

Le jus d'un citron

4 cuil. à soupe de farine type 55

½ botte de sauge

150 g de beurre

500 g de petites pommes de terre à chair ferme

1 botte de persil plat finement haché

Gros sel

Videz les soles et retirez la peau des deux côtés en partant de la nageoire caudale. Ébarbez les nageoires et coupez les branchies à l'aide d'une paire de ciseaux de cuisine. Lavez les soles et séchez-les en les tamponnant avec du papier absorbant. Incisez la chair dans la longueur, des deux côtés de l'arête centrale, afin de faciliter par la suite la levée des filets. Salez, arrosez d'un trait de jus de citron et farinez chaque côté. Tapotez afin de faire tomber l'excédent de farine et dorez chaque face 5 minutes dans une poêle ovale où vous aurez versé de l'huile. Retirez l'huile avec une cuillère, ajoutez 100 g de beurre ainsi que les feuilles de sauge et continuez à faire griller le poisson. Arrosez de temps en temps les soles avec le beurre mousseux et poursuivez la cuisson jusqu'à ce que les feuilles de sauge soient croustillantes.

Entre-temps, épluchez les pommes de terre et cuisez-les dans de l'eau salée. Égouttez-les et mélangez-les au reste de beurre et au persil haché. Répartissez les soles sur quatre assiettes ovales, dressez les pommes de terre autour et arrosez de beurre de sauge.

CONSEIL
Une fondue de tomates ou des épinards au beurre aillé accompagneront aussi parfaitement ce plat.

** 30

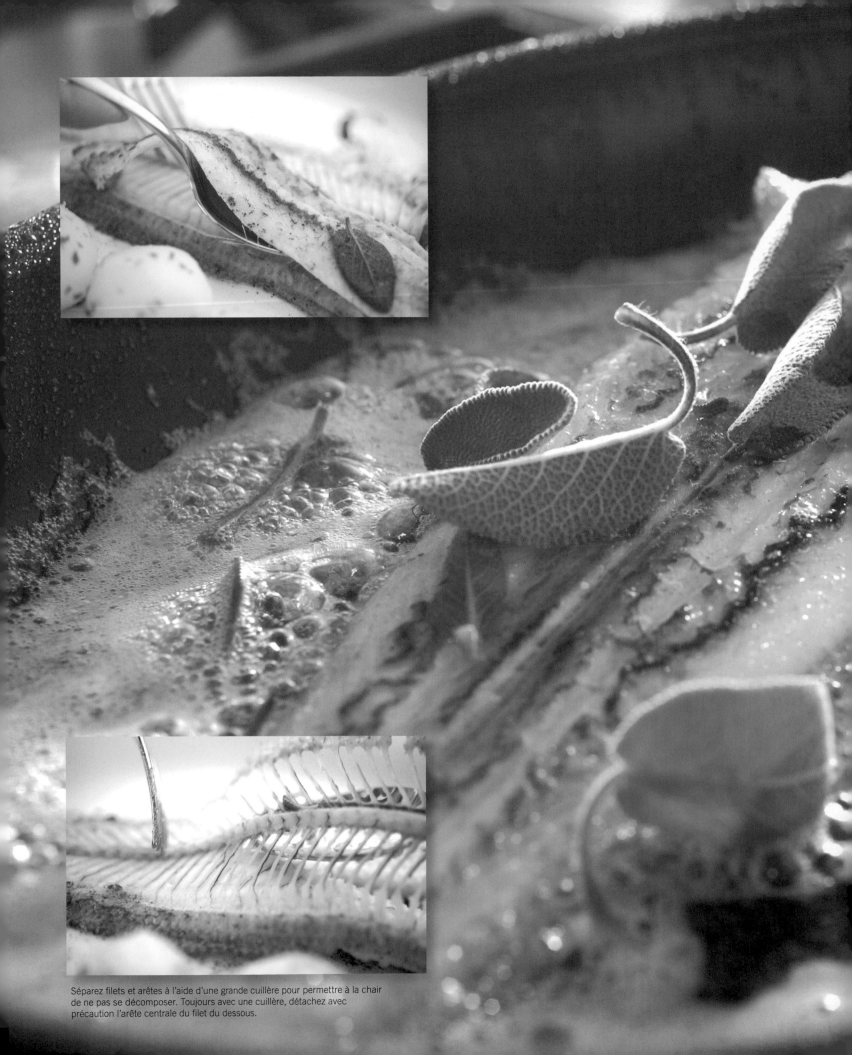

Séparez filets et arêtes à l'aide d'une grande cuillère pour permettre à la chair de ne pas se décomposer. Toujours avec une cuillère, détachez avec précaution l'arête centrale du filet du dessous.

Laissez les feuilles de sauge baigner dans le beurre mousseux jusqu'à ce qu'elles soient bien croustillantes. Veillez en revanche à ce que le beurre ne prenne pas une couleur trop sombre.

Filets de loup de mer croustillants à la brunoise de fenouil et de poivron et à la sauce safran

4 filets de loup de mer écaillés et sans arêtes
2 cuil. à soupe d'huile d'olive extra vierge
2 branches de thym
Gros sel

2 bulbes de fenouil
1 gros poivron rouge
1 cuil. à soupe d'huile d'olive extra vierge
40 g de beurre
1 échalote finement hachée
1 petite gousse d'ail finement hachée
½ cuil. à café de graines de coriandre écrasées
Quelques filaments de safran
2 cl de pastis
100 ml de vin blanc sec
150 ml de fumet de poisson ou de bouillon de légumes en granulés
300 g de petites pommes de terre épluchées
5 feuilles de basilic
1 cuil. à soupe de coriandre grossièrement hachée
1 cuil. à soupe de persil plat finement haché

Nettoyez les filets de loup de mer et séchez-les en les tamponnant avec du papier absorbant. Palpez les filets afin de déterminer s'ils comportent encore des arêtes. Retirez celles éventuellement trouvées à l'aide d'une pince à arêtes. Avec un couteau très aiguisé ou une lame de rasoir, faites de légères incisions rapprochées dans la peau. Réservez.
Coupez la partie supérieure des tiges des bulbes de fenouil et ces derniers en deux avant de les détailler en petits segments. Coupez le poivron également en deux, retirez le cœur et les parties blanches, nettoyez sous l'eau et détaillez en dés de 2 cm. Dans une grande casserole, faites chauffer l'huile d'olive ainsi que la moitié du beurre et faites-y suer l'ail et l'échalote. Ajoutez les graines de coriandre écrasées et les filaments de safran pour les faire suer à leur tour. Versez le fenouil et le poivron, mouillez avec le pastis et le vin blanc et faites réduire. Arrosez de fumet de poisson et faites cuire à l'étuvée pendant 8 minutes environ.
Entre-temps, cuisez les petites pommes de terre dans de l'eau salée, égouttez-les et ajoutez-y le reste de beurre et le persil haché.
Faites chauffer l'huile d'olive dans une poêle à revêtement anti-adhésif, déposez-y les filets de loup de mer salés, peau vers le bas, et frottez les branches de thym afin d'en faire tomber les feuilles sur le poisson. Grillez les filets à feu doux uniquement du coté de la peau pour la rendre bien croustillante. Le poisson cuira doucement du bas vers le haut.
Mélangez les feuilles de basilic coupées en lanières et la coriandre hachée à la préparation de poivron et de fenouil, puis répartissez cette dernière avec son jus de cuisson et les pommes de terre persillées sur des assiettes chaudes. Retournez les filets de loup de mer dans la poêle et dressez-les sur les assiettes peau croustillante vers le haut.

Préparer une dorade

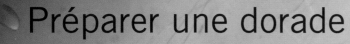

1

2

3

À l'aide d'une paire de ciseaux de cuisine, coupez les nageoires du dos et de l'arrière de la tête. Ouvrez ensuite la paroi abdominale et ôtez les viscères (1). Nettoyez minutieusement la cavité abdominale sous l'eau froide (2).
Retournez la dorade et renversez légèrement sa tête (3).
Enlevez alors les branchies par en dessous (4).
Nettoyez à nouveau minutieusement le poisson (5).
Coupez les nageoires du ventre et de la queue à l'aide des ciseaux (6 et 7).
Écaillez le poisson à l'aide d'un couteau (8).

4

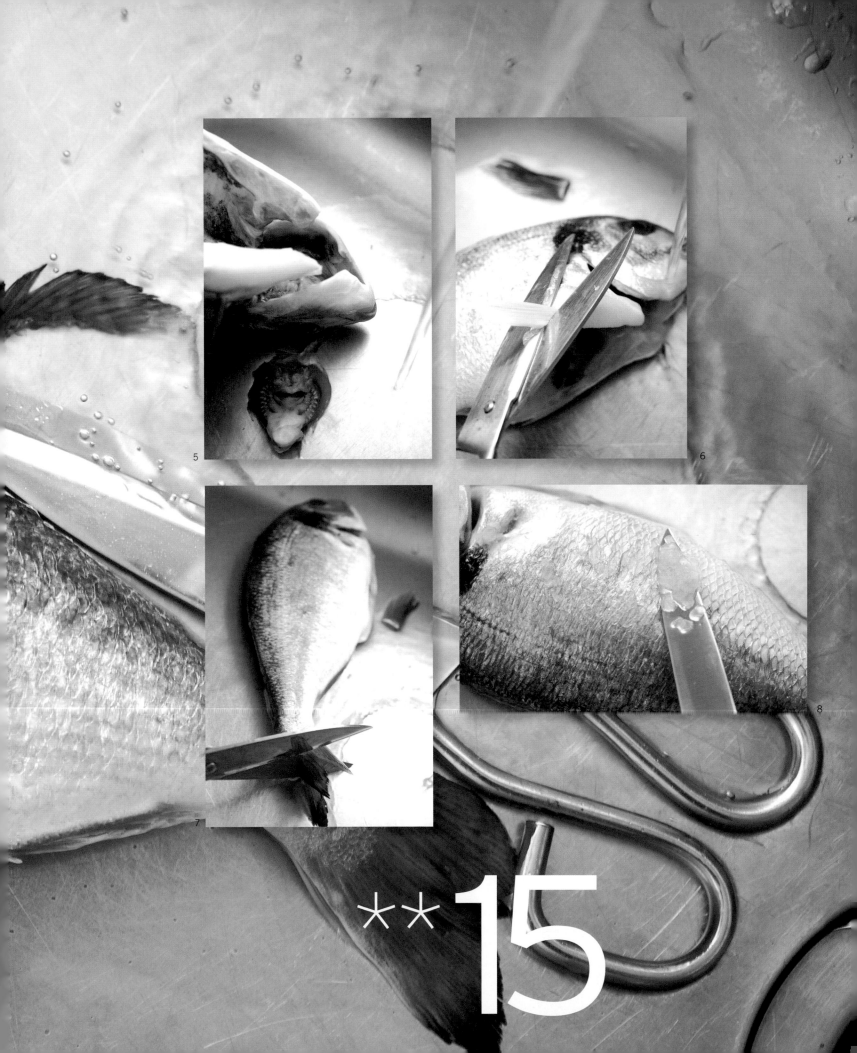

5

6

7

**15

Dorades aux trois croûtes de sel

La croûte de sel recouvrant les dorades doit être bien hermétique. Ainsi, leur arôme est conservé lors de la cuisson et se diffuse à l'ouverture de la croûte.

Dorades aux trois croûtes de sel

4 dorades vidées, nettoyées et non écaillées
de 350 à 400 g

8 tranches de citrons avec l'écorce

Quelques tiges de persil

Croûte de sel et de poivre pour 4 dorades

6 kg de gros sel de mer gris
12 cuil. à soupe de grains de poivre (4 de blanc,
4 de noir et 4 de rouge)

Les blancs de 5 œufs

Versez le sel marin dans un saladier, mélangez-y les
grains de poivre entiers puis mouillez le tout avec les
blancs d'œuf afin que le sel se transforme en croûte
à la cuisson.

Croûte de sel et de coriandre pour 4 dorades

6 kg de gros sel de mer gris

4 cuil. à soupe de graines de coriandre
4 cuil. à soupe de cumin
1 cuil. à soupe de clous de girofle

Les blancs de 5 œufs

Versez le sel marin dans un saladier, mélangez-y les
graines de coriandre, le cumin et les clous de girofle
entiers, puis mouillez le tout avec les blancs d'œuf afin
que le sel se transforme en croûte à la cuisson.

Croûte de citron et de lemon-grass pour 4 dorades

6 kg de gros sel de mer gris

2 cuil. à soupe de graines de fenouil
2 cuil. à soupe d'anis étoilé grossièrement écrasé
1 botte de lemon-grass séché

Le zeste de 2 oranges

Le zeste de 2 citrons

Les blancs de 5 œufs

Versez le sel marin dans un saladier puis
mouillez avec les blancs d'œuf afin que le
sel se transforme en croûte à la cuisson.
Détaillez les zestes d'oranges et de citrons
en fins bâtonnets et coupez le lemon-
grass en morceaux d'environ 5 cm de
longueur. Mélangez les zestes, le lemon-
grass et les aromates avec le sel.

Mélangez le sel avec les aromates de votre choix : avec des
graines de coriandre, des clous de girofle et du cumin pour un
résultat aromatique, avec du lemon-grass, du zeste de citron
pour une saveur fraîche et fruitée, ou avec du poivre rouge,
noir et blanc pour un goût relevé.

Dorades aux trois croûtes de sel

Préparation des poissons

À l'aide de papier absorbant, séchez minutieusement l'intérieur et l'extérieur des poissons vidés et nettoyés. Garnissez la cavité abdominale de chacun d'entre eux avec quelques tiges de persil et deux tranches de citron pour leur donner un goût frais. Posez une feuille d'aluminium sur la plaque du four. Déposez une couche de sel d'environ 1 cm pour chaque poisson. Placez les poissons sur ces socles de sel et recouvrez chacun d'entre eux avec le reste de sel pour former une croûte autour d'eux. Consolidez le tout en pressant légèrement avec les mains et passez au four préchauffé à 250°C. Faites cuire une demi-heure environ.
Les poissons sont cuits lorsque la base de la croûte de sel commence à prendre une légère couleur brun clair.
Retirez du four. À l'aide d'une lourde cuillère, ouvrez la croûte de chaque poisson sur les côtés puis ôtez le couvercle. Grattez le sel vers les bords de manière à ce que le poisson soit bien visible. Retirez la peau avec précaution et levez le filet à l'aide d'une cuillère et d'une fourchette, puis déposez-le sur une assiette chaude.
Arrosez d'un trait d'huile d'olive de première qualité et de quelques gouttes de jus de citron, rien de plus. Pour accompagner, servez des pommes de terre persillées fraîches ou de jeunes pousses d'épinards.

Filet de dorade rose sur lit de trévise et frisée et à la tapenade d'olives noires

500 g de dorade rose sans peau

Le jus d'un demi-citron

1 cuil. à soupe d'huile d'olive extra vierge
20 g de beurre

3 salades rouges de trévise

1 petite tête de frisée

2 tomates mûres

5 cuil. à soupe de vinaigre de Xérès

1 cuil. à soupe de sucre en poudre

½ cuil. à café de moutarde fine mi-forte

8 cuil. à soupe d'huile d'olive extra vierge

Gros sel
Poivre noir du moulin
Feuilles de basilic pour décorer

Pour la tapenade :

100 g d'olives noires dénoyautées

60 ml d'huile d'olive extra vierge

40 g d'amandes moulues

** 45

Palpez le filet afin de déterminer s'il comporte encore des arêtes. Retirez celles éventuellement trouvées à l'aide d'une pince à arêtes.
Détaillez le filet en bandes de 2 à 3 cm de largeur.
Assaisonnez ces bandes avec du gros sel et du poivre, puis laissez-les mariner quelques minutes dans l'huile d'olive.
Entre-temps, effeuillez la salade, coupez les plus grandes feuilles en deux ou en trois, puis lavez-les et séchez-les dans une essoreuse à salade. Dans un saladier, versez le vinaigre de Xérès, le sucre en poudre, le gros sel, le poivre noir et la moutarde. Mélangez ces ingrédients au fouet et incorporez l'huile, toujours en remuant. Retirez le cœur des tomates avant de les couper en morceaux.
Pour la tapenade, mixez les olives, l'huile d'olive et les amandes moulues à l'aide d'un robot ménager jusqu'à l'obtention d'une pâte lisse.
Faites fondre du beurre dans une poêle à revêtement anti-adhésif et dorez-y 3 à 5 minutes les bandes de dorade marinées. Mélangez les morceaux de tomates et la salade avec la vinaigrette et dressez le tout sur des assiettes. Déposez les bandes de dorade grillées et badigeonnez-les avec la tapenade.
Pour finir, décorez avec les feuilles de basilic et donnez un tour de moulin.

Loup de mer entier grillé à la menthe

2 loups de mer de 800 g chaque

1 botte de menthe

1 cuil. à café de graines de fenouil

1 cuil. à café de grains de poivre rouge

3 clous de girofle

2 gousses d'ail finement hachées

6 cuil. à soupe d'huile d'olive extra vierge

500 g de pommes de terres à chair ferme épluchées

2 cuil. à soupe d'huile d'olive pour la cuisson

Gros sel

Poivre noir du moulin

Écaillez les loups de mer, videz-les et coupez les branchies à l'aide d'une paire de ciseaux de cuisine.

Coupez également les nageoires dorsale, ventrale et latérales et raccourcissez légèrement la queue. Séchez l'intérieur et l'extérieur à l'aide de papier absorbant. Avec un couteau aiguisé, incisez la chair tous les

3 cm jusqu'à l'arête centrale afin que la marinade puisse bien pénétrer.

Détachez les feuilles de menthe. Conservez-en quelques-unes pour la décoration finale. Ciselez le reste des feuilles et déposez-les dans un saladier. Versez une cuillerée à soupe d'huile sur les clous de girofle, les grains de poivre et les graines de fenouil et hachez ces aromates à l'aide d'un hachoir (l'huile empêche les aromates d'échapper à la lame du couteau). Ajoutez cette mixture accompagnée de l'ail haché et du reste de l'huile dans le saladier contenant la menthe. Badigeonnez le loup de mer avec cette marinade, en veillant à bien la faire pénétrer dans les incisions. Laissez mariner pendant 30 minutes à température ambiante. La demi-heure écoulée, salez l'intérieur et l'extérieur des poissons avant de les déposer sur un grill préchauffé. Grillez des deux côtés environ 10 minutes.

Entre-temps, coupez les pommes de terre dans le sens de la longueur et détaillez-les en segments. Cuisez ces segments 2 minutes dans de l'eau salée, égouttez-les et laissez-les légèrement refroidir. Dans une poêle à revêtement anti-adhésif, faites chauffer de l'huile d'olive. Faites-y dorer les pommes de terre et assaisonnez de gros sel et de poivre. Déposez-les ensuite au milieu d'un plat allant au four. Terminez la cuisson du poisson en le passant 8 à 10 minutes au four préchauffé à 160°C. Décorez avec les feuilles de menthe réservées et servez.

CONSEIL
Vous pouvez remplacer la menthe par du basilic et du thym.

45

Loup de mer entier grillé à la menthe

Des herbes fraîches et des épices aromatiques sont les ingrédients d'une marinade relevée.
À l'aide d'un hachoir, hachez les aromates agrémentés d'un peu d'huile d'olive.
Pour que la marinade puisse bien pénétrer dans la chair du poisson, incisez plusieurs fois le loup de mer et répartissez généreusement la marinade sur le poisson.

Lever des filets de loup de mer

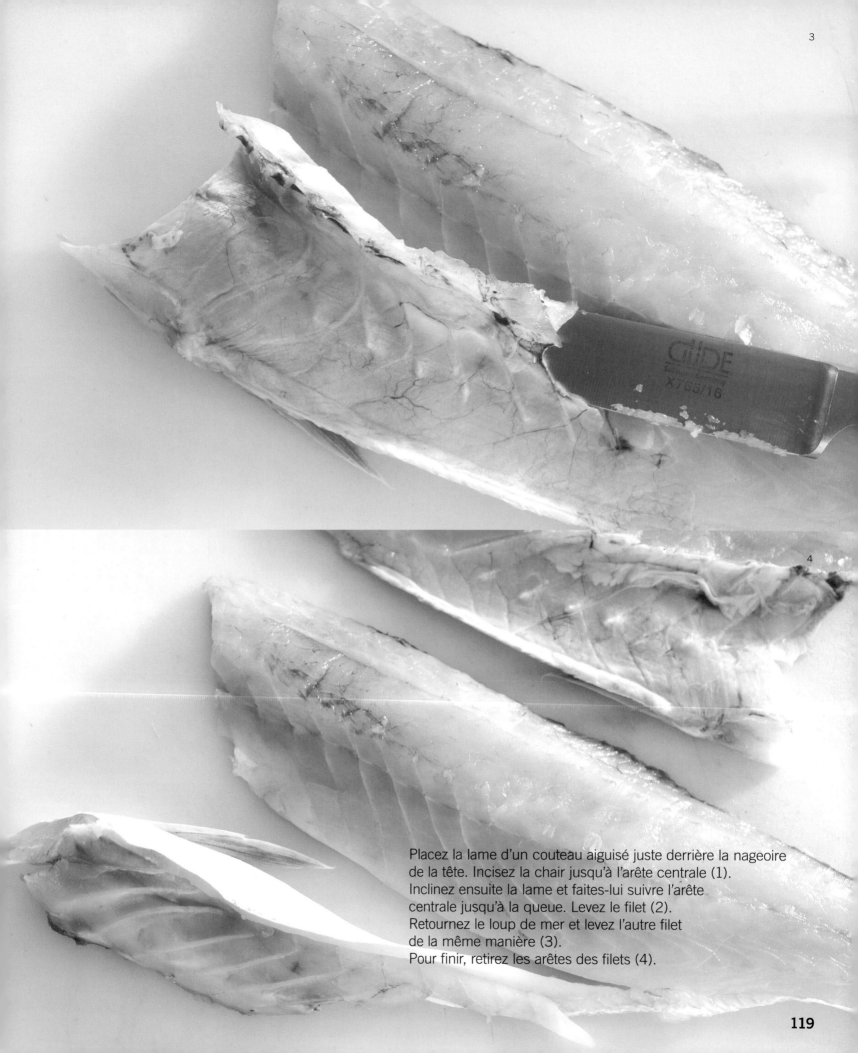

4

Placez la lame d'un couteau aiguisé juste derrière la nageoire
de la tête. Incisez la chair jusqu'à l'arête centrale (1).
Inclinez ensuite la lame et faites-lui suivre l'arête
centrale jusqu'à la queue. Levez le filet (2).
Retournez le loup de mer et levez l'autre filet
de la même manière (3).
Pour finir, retirez les arêtes des filets (4).

Retirez les fines arêtes à l'aide d'une pincette.

Lever des filets de loup de mer

Placez les filets peau vers le bas et à l'aide d'un couteau, retirez cette dernière avec précaution en partant de la queue.

Rascasse grillée aux tiges de fenouil sur lit de haricots blancs et d'ail

1 rascasse écaillée et vidée d'environ 1,2 kg

3 gousses d'ail en chemise

Quelques tiges de fenouil séché

2 cl de pastis

3 cuil. à soupe d'huile d'olive extra vierge

1 kg de haricots blancs écossés

20 g de beurre

1 botte de ciboules

Noix de muscade râpée
Gros sel
Poivre noir du moulin

Nettoyez l'intérieur et l'extérieur de la rascasse sous l'eau, séchez-la en la tamponnant avec du papier absorbant et coupez-lui la tête avec un couteau tranchant. Vous pourrez vous en servir pour préparer un fumet de poisson ou une bouillabaisse. Coupez les nageoires dorsale, ventrale et latérales à l'aide d'une paire de ciseaux de cuisine. Détaillez le poisson en 4 tranches en coupant la chair en transversale et placez ces morceaux dans un récipient. Coupez les gousses d'ail en fines lamelles et tranchez les tiges de fenouil avec les ciseaux en segments de 5 cm de longueur. Versez ces ingrédients ainsi que l'huile d'olive et le pastis dans le récipient et laissez le poisson mariner à température ambiante pendant un quart d'heure environ. Faites chauffer un grill et déposez-y les morceaux de poisson, partie tranchée vers le bas. Grillez chaque côté 8 minutes environ en arrosant de temps en temps un peu de marinade. Retirez le vert et la base du vert des ciboules avant de les laver soigneusement. Coupez-les en rondelles que vous ferez suer dans le beurre fondu jusqu'à ce qu'elles deviennent transparentes. Dans une grande quantité d'eau salée, faites cuire les haricots environ 2 minutes, égouttez-les et versez-les encore chauds sur les rondelles de ciboules. Assaisonnez avec la noix de muscade râpée, le poivre et le gros sel.
Dressez cette préparation sur un plat, déposez les morceaux de rascasse grillée dessus et décorez avec les lamelles d'ail et les segments de tiges de fenouil dans la marinade.

**60

Escalopes de saumon en habit de jambon Serrano sur feuilles d'épinards et pommes de terre à la sauge

8 tranches de saumon de 80 g chaque

8 tranches de jambon Serrano

60 g de beurre

400 g de pommes de terre moyennes
à chair ferme épluchées

3 branches de sauge

4 cuil. à soupe d'huile d'olive extra vierge

500 g d'épinards entiers nettoyés

1 gousse d'ail épluchée

Gros sel
Poivre noir du moulin

Le goût du jambon Serrano espagnol est légèrement plus marqué que celui de son cousin italien de Parme. Il donne au saumon grillé un goût savoureux.

Coupez les pommes de terres en deux dans le sens de la longueur. Coupez les moitiés obtenues, toujours dans la longueur, en 4 segments. Plongez-les dans de l'eau salée bouillante pendant 2 minutes environ, égouttez-les, puis laissez-les refroidir un instant. Dans une poêle, faites chauffer 4 cuillerées à soupe d'huile d'olive et faites-y doucement dorer les pommes de terre pendant encore 10 minutes. Donnez un tour de moulin.

Pour finir, ajoutez les feuilles de sauge et mélangez. Enveloppez chaque tranche de saumon dans une tranche de jambon Serrano. Faites dorer des deux côtés dans la moitié du beurre pendant 1 minute environ.

Entre-temps, faites mousser le reste du beurre et versez-y les épinards soigneusement nettoyés et séchés. Assaisonnez avec le gros sel et la noix de muscade râpée. Retournez les épinards avec une fourchette piquée de la gousse d'ail afin que celle-ci leur donne du goût.

Dressez les épinards au milieu des assiettes chaudes, en garnissant autour avec les pommes de terre. Déposez les escalopes sur les épinards. Pour finir, arrosez du jus de cuisson du saumon.

**45

Escalopes de saumon en habit de jambon Serrano sur feuilles d'épinards et pommes de terre à la sauge

Coupez le saumon en tranches et enroulez chacune d'elles dans une tranche de jambon. Évitez de trop saler les escalopes de saumon, le jambon étant déjà assez salé.

Saint-pierre aux lentilles et à la sauce aux lardons et vinaigre balsamique

600 g de filets de saint-pierre sans peau

1 cuil. à café de zeste d'orange détaillé en fins bâtonnets

20 g de beurre

2 cuil. à soupe d'huile de tournesol

40 g de poitrine fumée coupée en petits dés

20 g de beurre

2 échalotes finement hachées
1 gousse d'ail finement hachée

120 g de lentilles vertes du Puy trempées à l'avance

½ cuil. à café de concentré de tomate

250 ml de fumet de poisson

1 branche de thym

200 g de crème fluide
2 cuil. à soupe de crème épaisse

Gros sel
Poivre noir du moulin

4 cl de vinaigre balsamique

Feuilles de persil pour décorer

Pour préparer la sauce, faites revenir les dés de poitrine fumée dans le beurre brûlant jusqu'à ce qu'ils deviennent transparents. Faites suer les échalotes et l'ail hachés. Ajoutez les lentilles et faites-les sauter un court instant avec le reste des ingrédients. Versez le concentré de tomate, mélangez-le à la préparation et faites revenir rapidement.

Arrosez ensuite de fond de poisson, assaisonnez avec la branche de thym et laissez mijoter 20 minutes environ. Versez la crème fluide puis celle épaisse. Remuez.

Assaisonnez avec le gros sel, le poivre noir et le vinaigre balsamique.

Détaillez les filets de saint-pierre en bandes de taille moyenne et salez avec le gros sel.

Dans une poêle à revêtement anti-adhésif, faites chauffer le beurre et l'huile et déposez les bandes de poisson.

Salez et parsemez de zestes de citron. Faites griller le poisson à feu doux en arrosant fréquemment avec le mélange huile-beurre. Le beurre ne doit pas brûler et la chair du poisson doit conserver sa belle couleur blanche.

Répartissez les lentilles sur des assiettes chaudes et déposez les bandes de saint-pierre dessus.

CONSEIL
En accompagnement, servez des petites pommes de terre persillées ou du riz basmati chaud.

Lever des filets de saint-pierre

Placez le tranchant d'un couteau aiguisé juste derrière la tête du poisson et guidez-le vers l'arête centrale (1).

Levez le filet en déplaçant le couteau avec précaution le long de l'arête jusqu'à la queue (2).

Retournez le poisson et levez l'autre filet de la même manière.

Coupez les nageoires avec une paire de ciseaux de cuisine.

Détachez la peau des filets à l'aide du couteau (3).

✳✳20

3

Crostini de stockfisch à la salade de tomates et aux oignons de printemps

400 g de stockfisch (du dos de préférence)

1 l de lait entier

1 piment chili séché
3 clous de girofle
½ cuil. à café de grains de poivre blanc
2 feuilles de laurier

1 gousse d'ail pressée en chemise

Quelques filaments de safran

1 grosse pomme de terre farineuse cuite
en robe des champs

6 cuil. à soupe d'huile d'olive extra vierge

Poivre noir du moulin

12 tranches de pain ciabatta

4 belles tomates mûres

4 feuilles de ciboule

Gros sel
Poivre noir du moulin
Persil plat pour décorer

Du stockfisch cuit et réduit en purée avec de la pomme de terre : un vrai régal !

Achetez le stockfisch réhydraté ou faites-le tremper une journée dans de l'eau froide. Changez régulièrement l'eau. Faites bouillir le lait avec tous les aromates puis plongez-y le stockfisch. Portez à nouveau à ébullition, retirez du feu et laissez le poisson une demi-heure dans le lait. Retirez les morceaux de poisson et émiettez-les afin notamment d'en extraire les éventuelles arêtes. Réservez.

Broyez finement les filaments de safran dans un grand mortier. Ajoutez le stockfisch et écrasez jusqu'à l'obtention d'une masse compacte. Ajoutez ensuite la pomme de terre cuite et pelée et travaillez-la avec le reste de la préparation en incorporant l'huile d'olive. Donnez un tour de moulin. Faites griller les tranches de pain au grille-pain et tartinez-les de la purée de stockfisch. Coupez les tomates en tranches, salez-les et poivrez-les légèrement, puis parsemez-les de rondelles de ciboules. Ajoutez les crostini de stockfisch et décorez de feuilles de persil.

**60

On peut généralement se procurer du stockfisch dans
les bonnes poissonneries ou les commerces
de produits espagnols.

Détaillez le stockfisch en morceaux et faites-le longuement tremper. Préparez-le ensuite en le plongeant dans du lait bouillant additionné d'aromates.

Purée de pommes de terre au stockfisch et à la sauce à la crème aillée

400 g de stockfisch (du dos de préférence)

1 l de lait entier

1 piment chili séché
3 clous de girofle
½ cuil. à café de grains de poivre blanc

2 feuilles de laurier

1 gousse d'ail pressée en chemise

20 gousses d'ail en chemise

4 cuil. à soupe d'huile d'olive

200 ml de sauce au vin blanc (voir recette page 160)

Pour la purée de pommes de terre :

500 g de pommes de terre farineuses

80 g de beurre de première qualité

200 ml de lait entier

Muscade râpée
Gros sel

Achetez le stockfisch réhydraté ou faites-le tremper une journée dans de l'eau froide. Changez l'eau régulièrement. Faites bouillir le lait avec tous les aromates et plongez-y le stockfisch. Portez de nouveau à ébullition, retirez du feu et laissez le poisson dans le lait 1 demi-heure environ. Retirez les morceaux de poisson et émiettez-les afin notamment d'en extraire les éventuelles arêtes. Placez les miettes dans un grand mortier, incorporez 3 cuillerées à soupe d'huile d'olive et écrasez la chair jusqu'à ce qu'elle soit très fine. Placez les gousses d'ail dans un plat allant au four, arrosez avec l'huile d'olive restante et salez

Le goût du stockfisch étant déjà prononcé, ce poisson s'accommode particulièrement bien avec de la purée de pommes de terre. Il ne lui manque alors plus grand-chose à part un peu d'arôme (que peut lui apporter l'ail, comme dans l'exemple).

légèrement. Cuisez au four préchauffé à 160°C environ 30 minutes, jusqu'à ce que les gousses d'ail prennent une consistance bien fondante. Pressez 4 gousses et mixez-les avec la sauce au vin blanc que vous aurez préalablement chauffée.
Entre-temps, coupez en deux les pommes de terre épluchées et cuisez-les dans de l'eau salée. Videz l'eau de cuisson et laissez les pommes de terre refroidir un peu. Passez au presse-purée et ajoutez le beurre froid à l'aide d'une cuillère en bois. Incorporez le lait chaud et assaisonnez avec le gros sel et la noix de muscade. Mélangez le stockfisch avec la purée de pommes de terre et rectifiez l'assaisonnement. Dressez dans quatre assiettes creuses chaudes, garnissez chacune d'elles avec une gousse d'ail grillé et nappez de sauce à l'ail. Pour terminer, donnez quelques tours de moulin.

CONSEIL
Avec le dos d'une cuillère, creusez un puits dans la purée et versez-y une cuillerée à soupe d'huile d'olive de première qualité.

** 60

Curry de cabillaud à la papaye et aux bouquets de chou-fleur grillés

600 g de cabillaud

2 cuil. à soupe de sauce de poisson

4 cuil. à soupe d'huile de noix

1 cuil. à soupe de sucre de palme

1 cuil. à soupe de pâte de curry rouge

3 cuil. à soupe de sauce aux huîtres

100 ml d'eau

1 boîte de lait de coco non sucré (400 ml)

200 g de morceaux de papaye

120 g de bouquets de chou-fleur

100 g de petits pois frais

Pour éviter qu'elle ne se décompose à la cuisson, veillez à ne pas employer une papaye trop mûre.

Détaillez le cabillaud en petits morceaux et faites-les mariner dans la sauce de poisson.

Faites chauffer la moitié de l'huile de noix et faites-y dissoudre le sucre de palme. Grillez légèrement la pâte de curry dans ce liquide et mouillez avec la sauce aux huîtres et l'eau. Laissez réduire et arrosez de lait de coco. Plongez le poisson mariné et les morceaux de papaye dans la sauce et laissez mijoter environ 3 minutes.

Entre-temps, dans une poêle à revêtement anti-adhésif, faites dorer les bouquets de chou-fleur environ 5 minutes dans le reste d'huile, puis ajoutez les petits pois et mélangez. Versez le tout dans le curry de poisson et poursuivez un peu la cuisson.

CONSEIL

Servez accompagné de riz basmati et, selon votre goût, ajoutez du basilic thaïlandais, de la coriandre ou de très fines lanières de feuilles de citron. Le cabillaud est particulièrement indiqué pour cette recette car sa chair est peu compacte et la sauce peut y pénétrer facilement.

**35

Merlu cuit dans un bain de lait aux herbes, assaisonné d'huile pimentée et accompagné de riz

8 tranches de merlu de 100 g chaque avec la peau et écaillées

2 l de lait entier

3 piments séchés

3 feuilles de laurier
3 branches de thym

2 échalotes pelées et coupées en rondelles

1 cuil. à café de graines de fenouil

1 cuil. à café de grains de poivre blanc

5 clous de girofle

Gros sel

1 petite bouteille d'huile pimentée (épiceries asiatiques)

1 cuil. à café de flocons de piment rouge

150 g de riz long grain

20 g de beurre

1 oignon blanc pelé

2 feuilles de laurier
6 clous de girofle

300 ml de fumet de poisson ou de bouillon de légumes en granulés

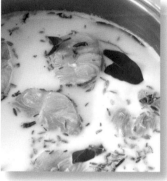

Simple et raffiné : les tranches de merlu cuites dans du lait acquièrent une saveur douce et ronde.

Un mariage heureux : merlu et lait assaisonné de laurier, entre autres aromates.

Faites chauffer le lait dans une large cocotte. Versez-y les piments, les feuilles de laurier, les branches de thym, les échalotes, les graines de fenouil, le poivre et les clous de girofle. Salez généreusement. Le lait doit donner l'impression d'être trop salé. Portez à ébullition puis plongez les tranches de merlu. Retirez du feu et laissez pocher environ 10 minutes.

Entre-temps, faites fondre le beurre pour faire revenir le riz un court instant. Coupez l'oignon en deux et piquez une feuille de laurier sur chaque moitié à l'aide de trois clous de girofle. Ajoutez au riz et arrosez de fumet de poisson. Couvrez et laissez cuire à l'étuvée pendant 15 minutes environ.
Dressez le riz sur des assiettes chaudes et déposez-y les tranches de merlu que vous aurez retirées du lait. Mélangez l'huile pimentée et les flocons de piment et versez-en un trait sur les morceaux de merlu.

** 35

Tranche de turbot à l'estragon et grillée au beurre sur purée de pommes de terre

1 turbot d'environ 1,2 kg sans tête et avec les arêtes

3 cuil. à soupe d'huile de tournesol

40 g de beurre

2 branches d'estragon

Le jus d'un demi-citron

Gros sel
Poivre blanc du moulin

4 cuil. à soupe de fumet de poisson ou d'eau

Pour la purée de pommes de terre :

500 g de pommes de terre farineuses épluchées

80 g de beurre de première qualité

200 ml de lait entier

Noix de muscade
Gros sel

Coupez en deux les pommes de terre et cuisez-les à l'eau salée. Videz l'eau de cuisson et laissez refroidir un instant. Passez au presse-purée et ajoutez le beurre froid à l'aide d'une cuillère en bois. Incorporez le lait chaud et assaisonnez avec le gros sel et la noix de muscade. Ébarbez le turbot, lavez-le et séchez-le en le tamponnant avec du papier absorbant. Détaillez-le en quatre morceaux en laissant les arêtes. Salez. Déposez ces morceaux côté sombre dans une poêle à revêtement anti-adhésif et faites-les griller à feu doux pendant 5 minutes environ. Retournez, retirez avec précaution la peau à l'aide d'une cuillère et grillez l'autre côté 5 minutes environ, toujours à feu doux. Versez le reste de l'huile dans la poêle et ajoutez le beurre. Faites mousser, puis arrosez les morceaux de turbot. Émincez grossièrement les feuilles d'estragon et parsemez-en le poisson. Arrosez de jus de citron puis de jus de cuisson. Ajoutez le fumet de poisson et répartissez immédiatement avec la purée sur des assiettes chaudes. Arrosez à nouveau de jus de cuisson.

CONSEIL
Vous pouvez remplacer le turbot par de la barbue ou du flétan noir. Le poisson étant cuit avec les arêtes, il reste particulièrement fondant et son jus de cuisson est aussi savoureux que naturel.

** 40

Saumon en marinade de légumes et d'agrumes sur rösti et sauce au yaourt pimentée

1 flanc de saumon avec la peau
d'environ 1,3 kg

2 branches de céleri
1 bulbe de fenouil

2 oignons blancs pelés

2 oranges non traitées
1 citron non traité

1 botte d'aneth finement ciselé
50 g de gros sel
50 g de sucre

2 étoiles d'anis
10 clous de girofle
1 cuil. à café de baies de genièvre
1 cuil. à soupe de graines de coriandre

300 g de grosses pommes de terre
à chair ferme

Noix de muscade fraîchement râpée
Gros sel

4 cuil. à soupe d'huile de tournesol

200 g de yaourt au lait entier

1 cuil. à café de sauce pimentée

1 cuil. à café de jus de citron

Détaillez les légumes en petits dés. Nettoyez les oranges et le citron sous l'eau chaude puis coupez-les en petits dés en laissant l'écorce. Versez les dés de légumes et d'agrumes dans un saladier et mélangez-les avec l'aneth ciselé, le sel, le sucre et les épices concassées. Posez le filet de saumon sur un plateau, peau vers le bas. Couvrez avec la marinade de légumes puis protégez avec du film alimentaire. Le temps de marinade est de 48 heures : au bout d'une journée, retournez le filet de saumon.

Rabotez les pommes de terre en fines lamelles, de préférence à l'aide d'une mandoline. Versez ces lamelles dans un saladier et assaisonnez avec le gros sel et la noix de muscade. Laissez reposer 5 minutes environ jusqu'à ce que les pommes de terre aient absorbé un peu d'eau. Pressez bien entre vos mains. Dans une poêle à revêtement anti-adhésif, faites chauffer de l'huile, formez de fines galettes de 10 cm de diamètre à partir des lamelles de pommes de terre pressées. Faites dorer. Détaillez le saumon mariné en fines tranches que vous déposerez sur les röstis de pommes de terre.

Mélangez le yaourt avec la sauce pimentée et le jus de citron et versez sur le saumon. Terminez par un trait de sauce pimentée.

CONSEIL
Le saumon préparé dans une marinade de légumes a un goût très doux et très frais. Vous pouvez conserver sans problème le saumon mariné plusieurs jours au réfrigérateur. Les morceaux en trop peuvent s'employer pour préparer pâtes, tartares ou quiches aux petits pois.

**180

Versez la marinade de légumes, d'herbes et d'épices sur la face interne du filet. Au bout de 24 heures, retournez le filet et laissez mariner encore une journée.

Saumon en marinade de légumes
et d'agrumes sur rösti et sauce
au yaourt pimentée

Saint-pierre grillé aux endives et à la sauce à l'orange

600 g de filet de saint-pierre

12 feuilles de laurier frais

3 endives

Le jus de deux oranges

150 ml de crème liquide

Les quartiers d'une orange

60 g de beurre

Gros sel
Poivre blanc du moulin
½ cuil. à café de sucre roux

Les endives doivent être croquantes et ne pas être tachées de brun. Quant aux oranges, pelez-les soigneusement à vif et éliminez tout pépin.

Détaillez le filet de saint-pierre en quatre morceaux dans la longueur. Faites mousser 40 g de beurre dans une poêle à revêtement anti-adhésif et jetez-y les feuilles de laurier frais. Salez les morceaux de poisson et déposez-les dans la poêle pour revenir environ 3 minutes en arrosant avec le beurre. Entre-temps, taillez grossièrement les endives après en avoir retiré le trognon en découpant un cône à la base.
Dans une poêle, faites mousser le reste de beurre et saupoudrez-le de sucre roux. Laissez fondre puis ajoutez les morceaux d'endives. Salez, poivrez et faites griller légèrement de manière à ce qu'elles prennent une teinte jaune clair. Mouillez avec le jus d'orange et laissez réduire. Arrosez de crème et ajoutez les quartiers d'orange. Faites bouillir avec précaution et remuez, en rectifiant éventuellement l'assaisonnement avec le gros sel et le poivre blanc. Dressez sur des assiettes chaudes en plaçant les morceaux de saint-pierre au milieu.
Garnissez de feuilles de laurier grillées.

CONSEIL
En accompagnement, servez du riz cuit à la vapeur ou des pommes de terre persillées. Employez exclusivement des feuilles de laurier frais, leur arôme inhabituel vous surprendra.

Retirez la peau de la lotte à l'aide d'un
couteau (1), puis coupez les nageoires dorsale
et caudale avec une paire de ciseaux (2).
Débarrassez les filets de leur peau et de tout
nerf (3). Seule doit rester la chair blanche,
sans arêtes ni impuretés (4).

**20

2

3

4

Fumet de poisson

Ingrédients pour 2 l de fumet

1 kg de carcasses de poisson trempées dans
de l'eau*

1 oignon blanc pelé
3 échalotes pelées
½ bulbe de fenouil
2 branches de céleri

3 gousses d'ail en chemise pressées

20 g de beurre
2 cuil. à soupe d'huile de tournesol

250 ml de vin blanc sec
50 ml de Noilly Prat (vermouth sec)
2,5 l d'eau froide

1 branche de thym
2 feuilles de laurier
3 feuilles de basilic
Quelques tiges de persil et de basilic

10 grains de poivre blanc concassés
¼ de cuil. à café de graines de fenouil

2 tranches de citron

20 g de gros sel

*De préférence, uniquement des poissons
à chair blanche tels que sole, turbot, barbue,
loup de mer ou lotte.

** 35

Pour la préparation d'un fumet, des carcasses de poissons à chair blanche sont les plus indiquées (sole, barbue, turbot, loup de mer ou lotte par exemple) car ils donnent en effet meilleur arôme à la cuisson. Avant de les plonger dans la marmite, nettoyez minutieusement les carcasses afin de les débarrasser de toute trace de sang et autres impuretés.

Fumet de poisson

Laissez les carcasses de poisson tremper une demi-heure dans de l'eau afin d'éliminer toute trace de sang et de garantir un jus bien clair. Détaillez les légumes en gros dés et faites-les revenir dans le beurre et l'huile (1). Ajoutez les épices, le gros sel, les feuilles de laurier et de basilic et les tiges de persil et de basilic, puis faites légèrement revenir le tout afin que s'en exhalent les différents arômes (2). Ajoutez les carcasses de poisson et mélangez (3). Mouillez avec le Noilly Prat et arrosez d'eau froide, puis portez lentement à ébullition (4). Écumez avec précaution la mousse se formant à la surface, ajoutez les tranches de citron et laissez mijoter à feu doux pendant environ 15 minutes (5 et 6). Passez le fumet au chinois.
À utiliser dans la préparation de soupes ou de sauces.

CONSEIL
Le fumet de poisson se conserve environ 5 jours au réfrigérateur et se congèle également sans souci.

Roulades de sole pochées
au caviar et à la sauce champagne

8 filets de sole

20 g de beurre d'Isigny

50 ml de mousseux ou de champagne

Gros sel

200 ml de sauce au vin blanc
et au poisson (voir recette page 160)

1 cuil. à soupe de crème fouettée

100 g de caviar

Étapes essentielles de cette
préparation : déposer les filets
de sole dans un plat beurré, les
beurrer, les saler légèrement, les
couvrir de papier sulfurisé puis
les passer au four.

Salez légèrement les filets de sole et repliez
leurs extrémités afin de préparer des roulades
de 8 cm de longueur. Beurrez un plat en
porcelaine allant au four et déposez-y les
roulades de sole, extrémités repliées vers le
bas. Badigeonnez-les avec le reste de beurre
et arrosez de mousseux ou de champagne.
Recouvrez de papier sulfurisé et passez au
four préchauffé à 160°C pendant environ
10 minutes.
Entre-temps, incorporez la crème à la sauce
au vin blanc. Retirez les roulades du four.
Versez la sauce dans le plat, autour des
roulades de sole. Sur chacune d'elles, posez
une cuillerée généreuse de caviar.

CONSEIL
Servez avec un champagne et en
accompagnement, cuisez éventuellement
un peu de riz blanc qui absorbera
merveilleusement la sauce.

***45

Sauce au vin blanc et au poisson

Ingrédients pour 2 l de sauce, de 6 à 8 personnes

1 échalote pelée

20 g de beurre

200 ml de vin blanc sec ou de champagne
50 ml de Noilly Prat (vermouth sec)

1 l de fumet de poisson

250 g de crème liquide
200 g de crème fraîche

Quelques gouttes de jus de citron

1 pointe de couteau de poivre de Cayenne

30 g de beurre froid en tranches

Gros sel

Coupez l'échalote en fines rondelles avant de la faire suer dans le beurre (1). Mouillez avec le vin blanc (ou le champagne) et le Noilly Prat et laissez réduire presque entièrement (2 et 3). Versez le fumet de poisson (4) et faites réduire jusqu'à obtenir la consistance d'un sirop où sera concentré tout le goût. Arrosez de crème liquide et de crème fraîche et portez à ébullition (5). Retirez du feu et assaisonnez avec le poivre de Cayenne, le jus de citron et le gros sel.
Ajoutez le beurre froid puis mixez longuement (6). Passez au chinois et servez avec des filets de poisson cuits à la vapeur ou légèrement grillés.

CONSEIL
On peut facilement raffiner cette sauce de base en l'additionnant d'herbes, de moutarde, d'un coulis de tomates ou encore de champignons de Paris. Préparez la même quantité de sauce pour quatre personnes, sans crainte qu'il n'en reste.

*** 55

Dorade grise entière sur lit de tomates cerise, d'aubergines et de petits piments verts doux

*** 90

Pour 6 à 8 personnes

1 grosse dorade grise d'environ 2,5 kg

1 citron coupé en tranches

2 aubergines

500 g de pommes de terre à chair ferme épluchées

250 g de petits piments verts doux (pimientos del padrón espagnols)

250 g de tomates cerise pelées

6 cuil. à soupe d'huile d'olive extra vierge

Gros sel
Poivre noir du moulin

10 feuilles de basilic
Quelques feuilles claires de céleri en branches

Écaillez et videz la dorade, puis coupez les branchies avec une paire de ciseaux de cuisine, ainsi que les nageoires ventrale et dorsale. Séchez l'intérieur et l'extérieur du poisson avec du papier absorbant. Incisez le dos sur une profondeur d'1 cm, de la nageoire caudale jusqu'à la tête. Cette partie étant la plus épaisse du poisson, la chaleur pourra mieux y entrer et il sera plus facile de lever des filets. Sur les côtés, faites des incisions tous les 2 ou 3 cm. Salez l'intérieur et l'extérieur du poisson et placez les tranches de citron dans la cavité abdominale. Posez le poisson dans une grande poêle ovale et grillez un côté à feu vif dans 2 cuillerées à soupe d'huile. Déposez ensuite le poisson, côté grillé vers le haut, sur la plaque du four.
Coupez les pommes de terre en deux et détaillez-les en segments. Coupez les aubergines de la même manière. Dans une grande poêle, versez 2 cuillerées à soupe d'huile d'olive et salez et grillez-y les segments de pommes de terre. Retirez ces derniers, versez deux nouvelles cuillerées à soupe d'huile dans la poêle et faites griller les segments d'aubergines ainsi que les petits piments. Salez.
Placez les pommes de terre, les aubergines, les piments verts et les tomates crues autour du poisson. Poivrez et passez au four préchauffé à 200°C pendant environ 30 minutes. Arrosez fréquemment avec le jus de cuisson. En fin de cuisson, disposez les feuilles de basilic et de céleri en lanières sur la dorade et arrosez de nouveau avec le jus de cuisson.

CONSEIL
Placez la plaque du four au milieu de la table. Chacun peut ainsi choisir les morceaux qu'il préfère et s'amuser à trouver les arêtes.

L'oursin

Le corail se détache facilement à l'aide d'une
petite cuillère. Pour ne pas se blesser en ouvrant
les oursins, il est préférable de porter des gants.

Crème d'oursins

6 gros oursins

20 g de beurre

2 petites échalotes pelées
1 gousse d'ail pelée
¼ de bulbe de fenouil

1 tomate mûre

1 feuille de laurier
1 branche de thym

50 ml de Cognac
50 ml de Porto blanc

250 ml de crème liquide
250 ml de crème fraîche

1 pointe de couteau de poivre de Cayenne
Gros sel

Pour ouvrir correctement des oursins, utilisez une paire de ciseaux de cuisine pointus.

CONSEIL
Si les oursins ne contiennent pas beaucoup d'eau, complétez avec du fumet de poisson pour une sauce suffisamment parfumée.

Avec une paire de ciseaux de cuisine, découpez un couvercle circulaire à la base des oursins. Retirez ce couvercle, passez l'eau des oursins dans une passoire et recueillez-la dans un bol. Retirez le corail à l'aide d'une cuillère à moka et réservez au froid.
Faites fondre le beurre et faites-y suer les échalotes, l'ail et le bulbe de fenouil coupés en rondelles, sans colorer. Coupez la tomate en gros dés et ajoutez-la ainsi que la feuille de laurier émincée et le thym. Mouillez avec le Cognac et le Porto blanc et laissez réduire. Versez ensuite l'eau des oursins jusqu'à réduction quasi complète. Arrosez de crème liquide et de crème fraîche et assaisonnez avec le poivre de Cayenne. Mixez le tout un court instant, passez au chinois et versez dans une autre casserole. Mélangez la moitié du corail à la sauce en assaisonnant éventuellement avec du gros sel. Faites chauffer l'autre moitié dans la sauce et versez le tout sur le poisson que vous aurez préparé. Cette sauce aux oursins se marient particulièrement bien à de la barbue ou du flétan avec des feuilles d'épinards, ou encore à des coquilles Saint-Jacques légèrement grillées.

*** 45

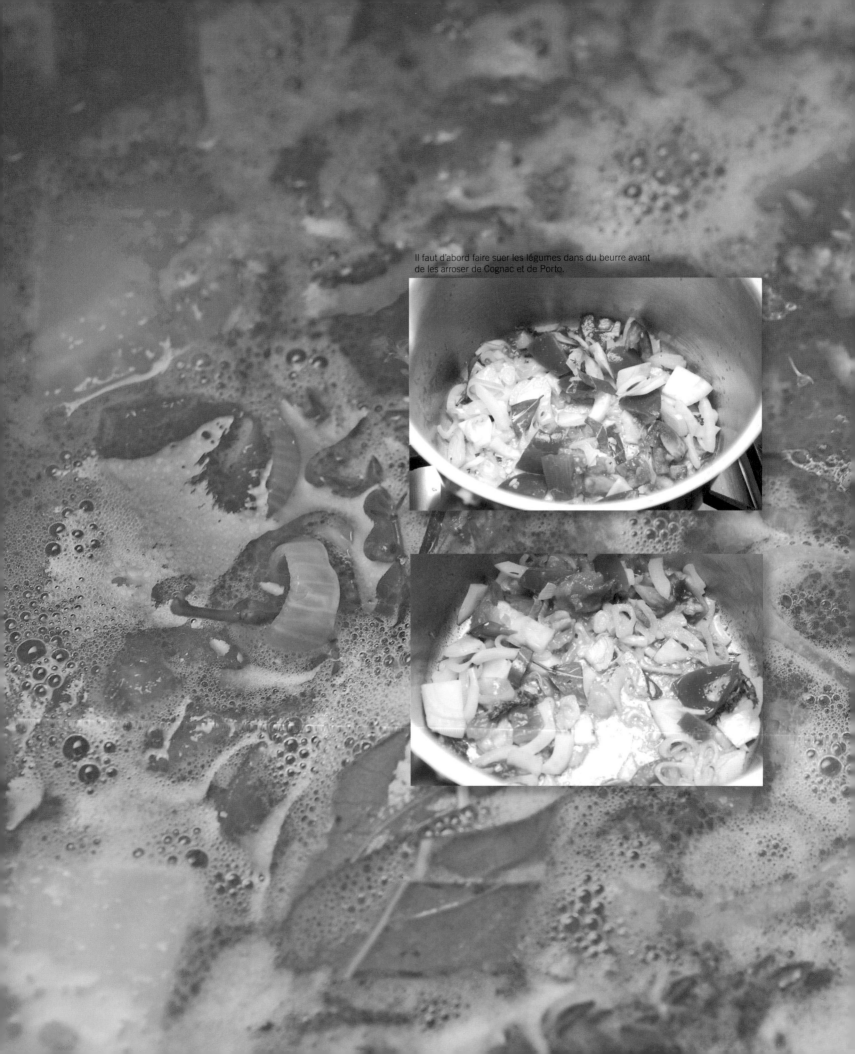

Il faut d'abord faire suer les légumes dans du beurre avant de les arroser de Cognac et de Porto.

Oursins gratinés aux filets de barbue

8 oursins frais

250 g de filets de barbue détaillés en lanières

10 g de beurre

1 pincée de poivre de Cayenne
Gros sel

2 jaunes d'œuf

50 ml de vin blanc sec

200 ml de crème d'oursins
(voir recette page 166)

1 cuil. à soupe de crème fouettée

À l'aide de ciseaux pointus, découpez une ouverture tout autour de la bouche des oursins. Recueillez leur eau et retirez leur corail avec précaution.

Avec une paire de ciseaux de cuisine, découpez un couvercle circulaire à la base des oursins. Retirez ce couvercle, passez l'eau des oursins dans une passoire et recueillez-la dans un bol. Retirez le corail à l'aide d'une cuillère à moka et réservez au froid. Nettoyez soigneusement l'intérieur des oursins puis posez-les, ouverture vers le haut, sur une plaque de four couverte de gros sel de mer.

Faites fondre le beurre dans une poêle à revêtement anti-adhésif et faites-y revenir un court instant les lanières de barbue. Assaisonnez avec le poivre de Cayenne et le gros sel et répartissez dans les oursins. Entre-temps, faites mousser les jaunes d'œuf au bain-marie à l'aide d'un fouet. Faites bouillir la sauce aux oursins, versez-y le corail puis incorporez délicatement les œufs battus ainsi que la crème fouettée. Remplissez les oursins de ce mélange et gratinez sous le grill du four. Une fois gratinés, sortez-les du four et disposez-les dans des assiettes sur des socles de sel.

CONSEIL
Par précaution, achetez toujours un ou deux oursins de plus. En effet, les oursins ne contiennent pas toujours la quantité de corail escomptée.

***35

Soupe d'oursins à la crème fraîche et au cerfeuil

8 oursins frais

20 g de beurre

2 petites échalotes pelées
1 gousse d'ail pelée
¼ de bulbe de fenouil

1 tomate mûre

1 feuille de laurier
1 branche de thym

50 ml de Cognac
50 ml de Porto blanc
½ l de fumet de poisson

250 ml de crème liquide
250 ml de crème fraîche

1 pointe de couteau de poivre de Cayenne

1 cuil. à soupe de crème fouettée

1 cuil. à soupe de feuilles de cerfeuil

Gros sel

Le corail d'oursin est également délicieux autrement que pur. On peut le cuisiner de diverses façons, par exemple en soupe.

Avec une paire de ciseaux de cuisine, découpez un couvercle circulaire à la base des oursins. Retirez ce couvercle, passez l'eau des oursins dans une passoire et recueillez-la dans un bol. Retirez le corail à l'aide d'une cuillère à moka et réservez au froid. Faites fondre le beurre et faites-y suer les échalotes, l'ail et le bulbe de fenouil coupés en rondelles, sans colorer. Coupez la tomate en gros dés et ajoutez-la ainsi que la feuille de laurier émincée et le thym. Mouillez avec le Cognac et le Porto blanc et laissez réduire. Versez l'eau des oursins et le fumet de poisson passés au chinois jusqu'à une réduction de moitié. Arrosez de crème liquide et de crème fraîche et assaisonnez avec le poivre de Cayenne. Mixez le tout un court instant, passez au chinois et versez dans une autre casserole. Mélangez la moitié du corail à la soupe, rectifiez éventuellement l'assaisonnement avec du gros sel et répartissez l'autre moitié du corail dans des assiettes creuses chaudes. Incorporez une cuillère à soupe de crème fouettée dans la soupe et versez immédiatement dans les assiettes. Décorez avec les feuilles de cerfeuil.

CONSEIL
Il s'agit d'une soupe très raffinée dans laquelle le goût des oursins ressort tout particulièrement. On peut également l'agrémenter de petits morceaux de lotte ou de lanières de poireau cuit à la vapeur.

***

Médaillons de lotte à la sauce au beurre et au vin rouge sur artichauts grillés et dés de pommes de terre

1 kg de lotte parée

2 cuil. à soupe d'huile de tournesol

10 g de beurre

1 cuil. à café de sel d'hibiscus rouge

12 petits artichauts

3 pommes de terre moyenne farineuses
et épluchées

8 cuil. à soupe d'huile d'olive

Gros sel
Poivre noir du moulin

1 cuil. à soupe de persil plat finement ciselé

Pour la sauce au beurre et au vin rouge :

250 ml de vin rouge charnu

50 ml de Porto rouge

1 cuil. à soupe de crème liquide
150 g de beurre

Nettoyez les artichauts, retirez leur foin à l'aide d'une cuillère parisienne et détaillez-les en segments. Nettoyez ces derniers dans de l'eau citronnée et laissez-les égoutter. Faites chauffer la moitié de l'huile d'olive et faites-y griller les artichauts. Salez et poivrez. Dans une poêle à revêtement anti-adhésif, faites chauffer le reste de l'huile, versez les pommes de terre coupées en dés d'1 cm et dorez-les jusqu'à ce qu'elles soient bien croustillantes. Assaisonnez

également avec le gros sel. Pour finir, parsemez de persil ciselé.
Mélangez les pommes de terre aux artichauts, égouttez dans une passoire puis remettez sur le feu afin de maintenir au chaud.
Pour la sauce au beurre et au vin rouge, faites réduire à un cinquième le vin rouge et le Porto que vous aurez versés dans une sauteuse. Ajoutez la crème liquide, incorporez le beurre froid coupé en tranches, remuez et assaisonnez avec le gros sel et le poivre. La sauce ne doit plus bouillir et doit être servie sans tarder.
Détaillez la lotte en tranches de 2 cm d'épaisseur. À feu vif, faites griller un côté dans une poêle o vous aurez versé l'huile de tournesol. Retournez. Ajoutez le beurre et grillez l'autre côté, en arrosant de temps en temps de beurre fondu.
Dressez la préparation artichauts-pommes de terre sur des assiettes chaudes et déposez dessus les médaillons de lotte. Versez la sauce au beurre et au vin rouge autour des médaillons puis, juste avant de servir, assaisonnez avec le sel d'hibiscus.

CONSEIL
Si vous ne trouvez pas de sel d'hibiscus, utilisez du sel aux herbes ou tout autre sel parfumé. Le sel d'hibiscus complète parfaitement ce plat grâce à son acidité et sa couleur rouge très raffinée.

★★★ 45

Concombres farcis au saumon nappés de sauce à l'aneth

4 concombres de taille moyenne

½ botte d'aneth

10 g de beurre

100 ml de fumet de poisson ou d'eau

200 ml de sauce au vin blanc
(voir recette page 160)

Farce au saumon :

250 g de filet de saumon cru sans peau

2 cl de Noilly Prat (vermouth sec)

2 jaunes d'œuf

200 ml de crème liquide

Gros sel
1 pincée de poivre de Cayenne

Le jus d'un demi-citron

1 cuil. à soupe de pointes d'aneth
finement ciselées

Taillez l'arrondi des moitiés de concombre afin qu'elles ne se renversent pas, puis remplissez-les de farce avant de les déposer dans un plat à gratin et de les arroser de fumet de poisson pour les passer au four.

Détaillez le filet de saumon en dés d'un demi-centimètre, salez et arrosez de Noilly Prat, avant de mettre au congélateur. Au bout d'une demi-heure, placez les dés de saumon légèrement congelés dans un robot ménager et mixez-les longuement avec les jaunes d'œuf. Incorporez la crème petit à petit puis transvasez le tout dans un saladier froid. Assaisonnez avec le poivre de Cayenne et le jus de citron et ajoutez l'aneth ciselé.

Épluchez les concombres, coupez-les en deux dans le sens de la longueur et épépinez-les à l'aide d'une petite cuillère. Parsemez le creux des concombres avec quelques pointes d'aneth et salez-les. Versez la préparation au saumon dans une poche à douille et farcissez-en les concombres. Déposez ces derniers dans un plat à gratin beurré et arrosez de fumet de poisson ou d'eau. Recouvrez de papier sulfurisé et passez au four préchauffé à 180°C pendant 20 minutes environ.
Faites bouillir la sauce au vin blanc et faites-la mousser avec un mixeur.
Dressez deux moitiés de concombre sur chaque assiette, nappez de sauce au vin blanc et servez avec du riz cuit à la vapeur (voir recette page 140).

*** 45

Concombres farcis au saumon nappés de sauce à l'aneth

Pour la farce, versez les petits dés de saumon et les
jaunes d'œuf dans un robot ménager et mixez-les en
une fine purée. Assaisonnez avec un peu de Noilly Prat
et incorporez petit à petit la crème.
Ajoutez les pointes fraîches d'aneth et mélangez-les
à l'aide d'une spatule en plastique. Assaisonnez avec
le jus de citron et le poivre de Cayenne.

Filet de turbot en croûte de tomates et de moutarde, nappé de sauce au vin blanc et sur lit d'oignons de printemps

4 filets de turbot de 200 g chaque

8 tomates olivettes pelées, coupées en quatre et épépinées

1 cuil. à café de moutarde de Meaux en grains

2 cuil. à soupe d'huile d'olive extra vierge

2 bottes d'oignons de printemps

20 g de beurre

Gros sel
1 pincée de sucre en poudre
Poivre blanc du moulin
Noix de muscade râpée

50 ml de fumet de poisson ou d'eau

½ botte de feuilles de cerfeuil hachées

200 ml de sauce au vin blanc
(voir recette page 160)

Ce plat est facile à préparer : on dépose les morceaux de poisson sur les légumes et on enfourne au tout dernier moment.

Faites chauffer une cuillerée à soupe d'huile d'olive et jetez-y les quartiers de tomates. Assaisonnez avec du gros sel, le sucre en poudre et le poivre blanc. Versez immédiatement dans une assiette et laissez refroidir. Coupez la base et le haut des tiges des oignons et nettoyez soigneusement. Taillez ensuite en rondelles obliques que vous ferez suer dans le beurre mousseux. Assaisonnez avec du gros sel et la noix de muscade et versez dans un grand plat allant au four. Salez les filets de turbot et badigeonnez-les d'un mélange de moutarde en grains et d'une cuillerée à soupe d'huile d'olive. Déposez-les sur les oignons et recouvrez-les avec les morceaux de tomate. Badigeonnez avec le reste du mélange moutarde-huile d'olive et arrosez avec le fumet de poisson (ou l'eau). Couvrez avec du papier sulfurisé et passez au four préchauffé à 180°C pendant 10 minutes environ. Le poisson est cuit dès lors que le liquide s'est évaporé. Retirez du four.
Faites bouillir la sauce au vin blanc, mélangez-y les feuilles de cerfeuil hachées et arrosez les oignons. La sauce s'imprègnera ainsi du goût de ces derniers. Vous pouvez alors servir directement dans le plat.

✳✳✳ 60

Pot-au-feu de homard à la sauce aux tomates et au Cognac

1 gros homard vivant (européen de préférence) d'1 kg ou deux de 500 g

4 cuil. à soupe d'huile d'olive
60 g dc bcurrc

½ gousse d'ail coupée en petits dés
2 petites échalotes pelées et coupées en petits dés
100 g de carottes coupées en petits dés
100 g de céleri en branches coupé en petits dés
100 g de bulbe de fenouil coupé en petits dés
2 feuilles de laurier
2 branches de thym

1 cuil. à soupe de coulis de tomates
300 ml de tomates pressées

100 ml de Cognac
100 ml de vin blanc sec
500 ml de fumet de langoustines ou de poisson

La chair du homard européen, ou homard bleu, n'a pas d'égale. Tuez le homard en le plongeant dans de l'eau bouillante, puis coupez-le en morceaux que vous ferez revenir crus dans de l'huile d'olive. Un délice !

Coupez le homard en deux à l'aide d'un grand couteau tranchant. Détachez la queue et détaillez-la en médaillons en coupant les articulations. Coupez l'extrémité de la queue en deux dans le sens de la longueur. Ouvrez les pinces en les frappant avec le dos du couteau et cassez leurs articulations. Faites chauffer l'huile dans une poêle et grillez-y des deux côtés les morceaux de homard préalablement salés et poivrés. Ajoutez le beurre et faites-le mousser. Versez l'ail et les échalotes et faites suer jusqu'à ce qu'ils deviennent transparents. Ajoutez les dés de légumes, les feuilles de laurier ciselées et les branches de thym, puis assaisonnez à nouveau avec le gros sel et le poivre. Une fois les légumes blondis, ajoutez le coulis de tomate et faites légèrement griller. Versez le jus de tomates (tomates pressées) et laissez-le s'évaporer. Mouillez avec le Cognac et le vin blanc et laissez réduire. Arrosez de fumet de langoustines et faites mijoter sur feu doux encore 5 minutes jusqu'à ce que la sauce ait acquis une consistance relativement épaisse.

Dressez sur des assiettes et servez du riz cuit à la vapeur (voir recette page 140) en accompagnement.

★★★ 45

Pour que les légumes et le homard
soient cuits uniformément, utilisez
une cocotte suffisamment grande.

Aile de raie à la créole et couscous

2 ailes de raie de 500 g

6 cuil. à soupe d'huile de noix

1 aubergine
1 poivron jaune
2 poivrons rouges
2 oignons blancs pelés

1 bâton de cannelle

½ cuil. à café de curcuma en poudre

1 cuil. à soupe de garam masala

3 gousses d'ail finement hachées

400 g de tomates pelées au jus

500 ml de fumet de poisson ou d'eau

2 citrons verts

Quelques feuilles de coriandre pour décorer

Pour le couscous :

300 g de semoule de couscous

700 g de bouillon de poule clair ou de bouillon de légumes en granulés

½ cuil. à café de filaments de safran

4 cuil. à soupe d'huile d'olive extra vierge

5 grosses feuilles de menthe coupées en lanières

200 g de yaourt au lait entier

Le jus d'un demi-citron

Poivre noir du moulin
Gros sel

*** 75

Nettoyez les ailes de raie et séchez-les en les tamponnant avec du papier absorbant. Coupez les éventuels résidus de peau et détaillez les ailes en carrés d'environ 8 cm de côté. Salez et poivrez. Versez la moitié de l'huile de noix dans une cocotte et faites-y griller les morceaux de poisson. Retirez-les de la cocotte et réservez.

Coupez la queue de l'aubergine. Coupez les poivrons en deux, retirez la queue ainsi que les parties blanches et nettoyez. Détaillez les oignons, l'aubergine et les poivrons en morceaux de 4 cm ; coupez les citrons verts en deux puis en huit.

Faites chauffer le reste d'huile dans la cocotte et faites-y d'abord griller le bâton de cannelle, le curcuma et le garam masala afin que le goût soit plus intense. Ajoutez l'ail haché ainsi que les légumes coupés. Salez et faites griller.

Ajoutez les ailes de raie puis versez les tomates pelées au jus et le fumet de poisson. Parsemez de morceaux de citron vert et couvrez.

Faites mijoter environ 20 minutes à feu doux en remuant avec précaution afin que les morceaux de poisson ne se décomposent pas.

Entre-temps, faites bouillir le bouillon de poule après y avoir jeté les filaments de safran puis versez-le sur la semoule de couscous. Mélangez avec une fourchette à viande et laissez les graines gonfler pendant 20 minutes environ en veillant à égrainer régulièrement la semoule. Ajoutez l'huile d'olive et les feuilles de menthe ciselée. Disposez la semoule en couronne sur un plateau ou dans un saladier et dressez le ragoût de raie au milieu. Garnissez de feuilles de coriandre. Mélangez le yaourt avec le jus de citron, salez, poivrez et servez.

Crème de crustacés

Crème de crustacés

Ingrédients pour 2 l

1 kg de carcasses de langoustes

1 kg de crabes chinois

60 ml d'huile d'olive
100 g de beurre

1 tête d'ail coupée en deux

3 feuilles de laurier
2 branches de thym
½ cuil. à café de grains de poivre blanc légèrement écrasés

5 clous de girofle

2 carottes épluchées
1 bulbe de fenouil
3 branches de céleri
3 échalotes pelées
1 oignon blanc pelé

2 cuil. à soupe de concentré de tomate
4 cuil. à soupe de ketchup

100 ml de Cognac
250 ml vin blanc
100 ml de Porto blanc

100 g de riz rond

2,5 l de fumet de langoustine ou de poisson

1 l de crème liquide

Gros sel
Quelques branches d'estragon

Coupez les carcasses de langouste en morceaux de taille moyenne. À l'aide d'un couteau lourd, coupez les crabes chinois en quatre. Grillez les morceaux de carcasse et de crabe (1) dans une grande cocotte où vous aurez versé l'huile. Retournez les carcasses (2) et veillez à ce que le jus de cuisson ne noircisse pas trop. Ajoutez le beurre et continuez à griller.

Avant de mixer brièvement le riz, il est nécessaire de faire réduire le mélange carcasses-légumes-aromates. C'est ainsi que pourra s'exhaler l'arôme si particulier de cette soupe.

Ajoutez la tête d'ail, les feuilles de laurier ciselées, les branches de thym et les épices, puis faites légèrement griller le tout.

Entre-temps, détaillez les légumes en dés d'1 cm et ajoutez-les à la préparation. Faites cuire jusqu'à ce que les légumes soient fondants et aient réduit (3). Après avoir poussé les carcasses sur le côté de la cocotte, versez le coulis de tomate et le ketchup. Faites légèrement mijoter (4) pour ôter un peu d'acidité au coulis. Mélangez de nouveau, ajoutez les branches d'estragon et mouillez avec le Cognac (5). Arrosez ensuite de Porto blanc et de vin blanc et laissez réduire (6). Faites subir une première cuisson au riz en le plongeant 5 minutes environ dans une grande quantité d'eau et ajoutez-le à la préparation (7). Le riz assure une très belle liaison (cette technique est classique).

Arrosez de fumet de langoustine ou de poisson et laissez mijoter à feu doux pendant environ 15 minutes (8).

8

9

6

7

10

Arrosez ensuite de crème (9). Ajoutez les feuilles d'estragon et portez à nouveau à ébullition (10). Mixez un court instant et passez au chinois en pressant bien les carcasses.

Répartissez la soupe dans des assiettes chaudes et garnissez de feuilles d'estragon ou de lanières de basilic.

✳✳✳ 90

Aile de raie Grenobloise accompagnée de pommes vapeur 65
Beignets de barbue et frites / Fish and Chips 93
Bulots cuits à l'aïoli
Cabillaud sur salade de betteraves rouges aux haricots tiédis
et aux herbes marinées 96
Concombres farcis au saumon nappés de sauce à l'aneth 174
Crème d'oursins 166
Curry de cabillaud à la papaye et aux bouquets
de chou-fleur grillés 138
Dorades aux trois croûtes de sel 108
Escalopes de saumon en habit de jambon Serrano sur feuilles
d'épinards et pommes de terre à la sauge 125
Filet de dorade rose sur salade de trévise et frisée
et à la tapenade d'olives noires 112
Fumet de poisson 152
Langouste grillée aux spaghettini et aux tomates fraîches 78
Langouste sauce cocktail et salade 76
Loup de mer entier grillé à la menthe 115
Médaillons de lotte à la sauce au beurre et au vin rouge sur
artichauts grillés et dés de pommes de terre 172
Merlu cuit dans un bain de lait aux herbes, assaisonné
d'huile pimentée et accompagné de riz 140
Oursins gratinés aux filets de barbue 168
Petite lotte au romarin sur fondue de poivrons et d'oignons 24
Petits pains ciabatta fourrés à l'aïoli et à la tortilla aux civelles 68
Pot-au-feu de homard à la sauce aux tomates et au Cognac 180
Rougets grillés aux tomates jaunes et à la tapenade
d'olives noires 70
Roulades de sole pochées au caviar et à la sauce champagne 159
Sole entière grillée au beurre de sauge et accompagnée
de pommes de terre persillées 98
Soupe d'oursins à la crème fraîche et au cerfeuil 170
Steak d'espadon aux olives vertes, aux tomates séchées
et au cresson d'eau 56
Thon aux trois façons 42
Tranche de turbot à l'estragon et grillée au beurre sur purée
de pommes de terre 143

Cigales de mer grillées au beurre persillé 37
Coques à la sauce à la bière et aux oignons cuits au vin rouge 82
Couteaux gratinés à l'ail et à la sauce de soja 54
Crevettes grillées sur salade d'avocats et de graines de grenade 28
Dorade rose piquée de lemon-grass aux brocolis grillés
et au gingembre 85
Moules à la provençale 44
Moules aux légumes et à la sauce au vin blanc 46
Petites pommes de terre à la crème aigre et au caviar 50
Sardines faites aux olives 38
Sauce rouille 20
Toro au wasabi 49

20+

35+

Index des temps de préparation

Aile de raie à la créole et couscous 185

Bouillabaisse à la sauce rouille 73

Crostini de stockfisch à la salade de tomates et aux oignons de printemps 132

Filet de turbot en croûte de tomates et de moutarde nappé de sauce au vin blanc et sur lit d'oignons de printemps 179

Filets de loup de mer croustillants à la brunoise de fenouil et de poivron et à la sauce safran 103

Fumet de langoustines 60

Purée de pommes de terre au stockfisch et à la sauce à la crème aillée 137

Rascasse grillée aux tiges de fenouil sur lit de haricots blancs et d'ail 123

Saint-pierre aux lentilles et à la sauce aux lardons et vinaigre balsamique 129

Saint-pierre grillé aux endives et à la sauce à l'orange 148

Sauce au vin blanc et au poisson 160

Soupe de poissons rustique au safran et au basilic 80

Crème de crustacés 188

Dorade grise entière sur lit de tomates cerise, d'aubergines et de petits piments verts doux 163

Dorade rose piquée de lemon grass aux brocolis grillés et au gingembre 85

Escalopes de saumon sur salade de radis, sauce vinaigrette à la ciboulette 10

Gambas grillées aux trois façons 16

Salade de poulpe mariné et de haricots blancs 91

Saumon en marinade de légumes et d'agrumes sur rösti et sauce au yaourt pimentée 144